사진가, 사진을 말하다
the Photographer says

[**about Thoth Aphorism**]

'토트 아포리즘'은 문학과 철학, 예술 등 분야별 거장들의 명구를 담은 잠언집입니다. '인생은 짧고 예술은 길다'는 히포크라테스의 경구처럼 가장 짧은 문장으로 가장 긴 울림을 주는 촌철살인의 기지! 간결하면서도 강렬한 아포리즘의 영감들이 여러분의 창의성을 불꽃처럼 빛나게 해줄 것입니다.

엮은이 조세현 himangframe.com

사람의 내면을 끌어내는 인물사진과 탁월한 시각의 광고·패션사진으로 '한국의 리처드 애버던'이라 불리는 국내 최정상 포토그래퍼다. 사진을 '타인과의 공감'을 이루는 매개물로 받아들이는 그는 지난 30년 동안 사람을 주제로 일관된 작업을 하고 있는데, '천사들의 편지' 10년 프로젝트를 통해서 국내 입양문화를 재조명하고, '희망프레임' 프로젝트를 통해 소외계층 청소년, 다문화가족, 노숙자, 기아아동, 장애인 등 사회의 그늘진 곳을 돌아보는 등 문화 예술의 사회적 기여에 관심을 기울이고 있다.

중앙대 사진학과를 졸업하고, 모교의 겸임교수와 강사 등으로 10년 이상 후진을 양성하기도 했다. 현재 작품활동과 함께 (사)조세현의희망프레임 이사장, 장애인체육회 이사, 국가인권위원회 자문위원, 입양아동 홍보대사 등의 역할로 소외계층을 위해 사회활동을 하고 있다. 1992년 세계패션그룹 사진가상, 2009년 이해선사진문화상, 2011년 대통령표창, 2012년 사회복지봉사상 등을 수상했다. 저서로는 『Letter From ICON』, 『조세현 패션사진』, 『Santorini』, 『The Man』, 『바람의 소리, 한복』, 『조세현의 얼굴』, 『The Family』, 『천사들의 편지, 10년』 등이 있다.

사진가, 사진을 말하다

조세현 엮음

the
Photographer
says

P

| 서문 |

사진가가 사진이 아니라 '말'로 이야기한다는 것은 부담스러운 일일 수밖에 없습니다. 하지만 한편 즐겁기도 합니다. 이런 기회를 통해서 전설적인 선배들의 말에 담긴 깊은 의미를 공부한다는 것은 얼마나 행복한 일입니까. 아는 만큼 보인다는 진리가 새삼 떠오르네요.

사진을 처음 알게 된 어린 시절, 그러니까 길을 가다 우연히 네거티브 흑백필름 한 조각을 주우면서 시작된 제 사진인생도 '사진은 무엇인가'에 대한 의문을 풀기 위한 탐구의 과정이 아니었던가 생각됩니다.

몇 해 전 『조세현의 얼굴』이라는 에세이를 출간하면서, SLR클럽에 질문을 게시한 적이 있습니다. "나에게 사진은 무엇인가?"라는 질문이었습니다. 그때 올라온 대답 중에서 '사진은 사각의 감옥'이라는 말 하나가 제 머릿속에 박혀 감옥처럼 영 풀리지 않았습니다. 그런데 마침내 오늘 또 다시 수많은 말들의 바다로 돌아오게 되었네요. 사실 시간에 쫓기며 파인더에 목숨을 거는 사진가들에게 촬영이 아닌 '말'이 무슨 의미가 있을까 하는 생각도 듭니다. 하지만 그 말을 셔터를 누르기 전에 알았더라면 조금 더 신중하게 셔터를 누르지 않았을까요?

그래서 그런지 이 책을 준비하는 동안 제 마음속엔 많은 추억과 새로운 다짐이 떠올랐습니다. 위대한 사진가들의 진솔한 이야기들을 정리하면서, 그들의 인생을 들여다보던 날에는 잠도 잊은 채 신이 났고,

또 어느 날은 사진가를 꿈꾸던 학창시절로 되돌아가기도 했습니다. 젊은 날 번개처럼 뇌리를 때리며 영감을 주고 답답한 가슴에 신선한 산소를 불어넣어 큰 들숨을 쉬게 해주었던 거장들의 명언과 재회하는 순간은 참 행복했습니다.

지금 생각해보면 겨우 외국 잡지사진을 보며 사진가의 꿈을 키우던 시절에는 한두 개의 명언도 얼마나 큰 위로가 되었는지 모릅니다. 이 책에 소개되는 선배들의 말들은 지금의 나를 다시 생각하게 하는 시간을 주었습니다. 형식과 매너리즘에 빠져 자기 정체성을 상실한 포토그래퍼의 자화상을 부끄럽게 비춰주었습니다. 거장들의 인생에 비추어보니 저는 아직 청년 사진가에 불과한 나이와 경력일 뿐인 것 같습니다.

이 책이 새로운 개성과 스타일을 필요로 하는 프로 사진가들은 물론, 사진을 더 많이 알고 싶어 하는 아마추어 사진가들이나 사진 애호가들이 공감할 수 있는 허브가 되었으면 좋겠습니다. 그리고 사진에 관심을 가지고는 있지만 선뜻 입문하지 못하고 주저하는 분들께도 사진의 실체를 한 발 앞서 좀 더 진솔하게 체험해볼 수 있는 입문서가 되기를 바랍니다. 감사합니다.

— 조세현

사진은 눈에 보이는 것을 찍는 것이지만
그게 전부는 아니다.
눈에 보이지 않는 것을 보이게 하는 것, 바로 그것이
사진이 갖는 놀라운 힘이다.

– 조세현『조세현의 얼굴』중에서

사진은
충동의 무의식에 대한 정신분석학처럼,
시각의 무의식을 우리에게 가르쳐준다.

— 발터 벤야민 (1892~1940)

— 발터 벤야민 Walter Bendix Schoniflies Benjamin, 1892~1940

독일의 문예비평가이며 사진이론가. 『사진의 작은 역사』, 『기술 복제 시대의 예술작품』은
사진에 관한 사고와 영감을 불러일으키는 걸작이며, 사진에 관한 그의 글은 누구도 모방
할 수 없는 사진비평의 분수령으로 평가받고 있다.

다른 사람들이 관심 없어 하는 것들조차
사진으로 살아 숨 쉬게 해야 한다.
아침에 일어나서 내가 아직
사진가라고 느낄 때 가장 행복하다.

– 리처드 애버던 (1923~2004)

– 리처드 애버던 Richard Avedon, 1923~2004

미국 광고사진가, 포츠레이트 사진가, 패션사진가. 그는 여성의 매력을 찾아내는 데 천
재적인 재능을 가지고 있었으며 사진작업의 과정을 통해서 지극히 창조적인 표현만을
고집했다. 우아하고 절제된 에디토리얼 패션사진과 포츠레이트 사진을 문화의 한 요소
로 정착시키는 데 기여했다. 미래의 많은 사진가들조차 오랫동안 그의 영향을 벗어날 수
없을 정도로 창조적인 사진들을 만들었다.

나는 내가 그리고 싶지 않은 것을 사진으로 찍는다.
그리고 내가 사진 찍을 수 없는 것을 그린다.
사랑에 진보가 없듯이, 예술에도 진보란 없다.
그것을 하는 다른 방식들만이 존재할 뿐이다.

– 만 레이 (1890~1976)

– 만 레이 Man Ray, 1890~1976
미국의 화가이며 초현실주의 사진가. 현대사진의 선구자로 평가된다. 필라델피아 출생.
사진에 의한 빛의 조형에 흥미를 가진 그는 렌즈를 사용하지 않고 인화지에 직접 피사체
를 배치한 뒤 빛을 비춰 나타나는 영상을 '레이요그래프'라 명명하면서 사진의 역사를 다
시 썼다.

한 장의 사진에는 마음을 일깨우는 힘이 있다.

누구도 혼자 살아갈 수는 없다.

이 세상 모든 사람이 서로 배려하고 나누며

함께 살아가는 날이 오기를…….

그것이 내가 사진 찍는 이유다.

— 최민식 (1928~2013)

— 최민식 1928~2013

한국의 사진가. 황해도 연백 출생. 한국의 격변하는 사회적 풍경 속에 사람 중심의 사진
을 촬영했다. 가난한 서민들의 삶을 정직하게 다룬 다큐멘터리 사진을 55년간 지속해 온
우리 사진사의 역사다. 부산대, 인제대 등에서 강의를 했으며, 『사진은 사상이다』, 『더 나
은 세상을 찾아서』 등 다양한 사진집과 『휴먼』 연작을 14권에 걸쳐 펴냈다. 동강사진상,
부산문화대상 등을 수상했다.

사진을 찍을 때 한쪽 눈을 감는 것은
마음의 눈을 뜨기 위해서다.

– 앙리 카르티에 브레송 (1908~2004)

– 앙리 카르티에 브레송 Henri Cartier-Bresson, 1908~2004
프랑스의 사진가. 소형 카메라인 라이카를 접한 뒤 라이카 사진술의 대표적 존재가 되었
다. 35mm 카메라는 그의 '눈의 연장'이 되었고, 현대의 포토저널리즘에 큰 영향을 끼쳤
다. 1947년 절친한 친구인 로버트 카파, 데이비드 시무어, 조지 로저 등과 함께 취리히
에서 사진통신사 매그넘을 결성했다. 사진집 『결정적 순간』으로 거장의 위치를 굳혔다.

사진은 음악과 같다.

어떠한 해석도 없이 스스로를 전달한다.

– 에른스트 하스 (1921~1986)

– 에른스트 하스 Ernst Haas, 1921~1986

오스트리아의 사진가. 제2차 세계대전 중에 의학공부를 그만두고 사진 스튜디오에서
일을 시작했다. 슬라이드 필름을 사용하는 컬러사진의 대가인 그는, 완벽한 빛의 재현
을 위해 같은 장소에서 반복된 작업을 많이 했다. '색의 마술사'라는 별명을 가지고 있
다. 〈파퓰러 포토그래피〉 선정, 세계 10대 사진가에 포함되었으며, 독일사진협회 문화
상을 수상했다. 대표작으로『튤립』등이 있다.

인물이 나를 끌어들이는 순간을
놓쳐서는 안 된다.
마음이야말로 사진가의 진정한 렌즈다.

- 유섭 카시 (1908~2002)

- 유섭 카시 Yousuf Karsh, 1908~2002

캐나다의 사진가. 1932년 스튜디오를 연 그는 당대의 세계적인 인물들의 포트레이트 사
진을 촬영했다. 윈스턴 처칠을 찍은 사진이 〈라이프〉에 실리면서 국제적인 명성을 얻었
다. 20세기의 위대한 인물들을 빛으로 기록한 인물사진의 거장으로 불렸다. 한순간에 피
사체의 본질을 포착해 내는 그의 사진은 '인물사진의 교과서'로 평가받고 있다.

사진은
흐르는 시간의 조각들이다.

- 윌리엄 클라인 (1928~)

- 윌리엄 클라인 William Klein, 1928~

미국의 사진가이자 화가, 디자이너, 영화감독. 로버트 프랭크와 더불어 영상사진의 길을
처음으로 개척한 현대사진의 선구자다. 자신의 감정을 거침없이 표현하여 강렬한 이미
지를 사진에 담은 것으로 유명하다. 1956년에 파리에서 『뉴욕』이라는 작품집을 프랑스
어판과 영어판으로 출간했고, 그해의 최우수사진집으로 뽑혀 세계적으로 권위 있는 나
다르사진상을 받았다.

풍경은 공연이 끝난 후의 빈 무대와 같다.
무대는 비어 있지만 아직 그곳에는
흥분의 흔적이 남아 있다.
눈에 보이지는 않지만 존재하는 것이다.

– 마이클 케나 (1953~)

– 마이클 케나 Michael Kenna, 1953~
영국의 사진가. 나무, 자연, 건축 등 흑백 풍경사진 작가로 은이 빛을 받아 검어지는 특
성을 이용한 기법으로 흑백사진만의 정제된 느낌을 표현한 것이 특징이다. 필름카메라
만 고집하는 자칭 '아날로그 사진가'이기도 하다. 전 세계적으로 사진을 가장 많이 소장
시킨 작가이자 사랑받는 작가로 인정받고 있다. 한국의 공근혜갤러리와도 전속계약을
맺었고, 2007년 촬영한 삼척의 『월천리 솔섬』이 유명하며, 대표작으로 『나무』 등이 있다.

난 사람에 대해 늘 궁금해 한다.

그들의 내면적인 삶,

즉 표면적으로 드러나 보이지 않는 것들에

더 호기심이 간다.

– 조이스 테네슨 (1945~)

– 조이스 테네슨 Joyce Tenneson, 1945~

미국의 사진가. 신비스런 인물사진으로 미국은 물론이고 세계적으로 이름이 알려진 사진가 중 한 명이다. 여성의 몸이 가장 아름다워 보이는 것이 어떤 것인지를 잘 알고 주로 여성 모델로부터 작품을 창출해냈다. 대표작으로 『노인과 디아나』 등이 있다.

대부분의 전쟁 사진가는
전쟁을 즐기고 있다.

– 도널드 맥컬린 (1935~)

– 도널드 맥컬린 Donald McCullin, 1935~

영국의 포토저널리스트. 이즐린튼 출생. '테디 보이즈'로 이름을 알렸으며, 내전이나 질
병으로 고통받는 사람들의 삶을 사진으로 남기고 있다. 〈옵저버〉에서 일하는 중에 〈선데
이타임즈〉의 의뢰를 받고 찍은 키프로스 내전 사진으로 월드프레스포토에서 수상했다.

얼굴(울 꼴)은 마음의 모양이다.

눈은 마음의 창이다.

인물사진은 영혼을 찍는 일이다.

– 조세현『조세현의 얼굴』중에서

내가 이런 식으로 작품을 만드는 것은
기계가 되고 싶기 때문이다.
누구라도 나 못지않게 사진을 잘 찍을 수 있다.

— 앤디 워홀 (1928~1987)

— 앤디 워홀 Andy Warhol, 1928~1987

20세기 미국 팝아트의 선구자이자 현대미술의 상징. 상업미술과 순수미술의 경계를 허물었다. 수프 캔이나 코카콜라 병, 달러 지폐, 유명인의 초상화 등을 실크스크린 판화 기법으로 찍어 같은 이미지를 여러 번 반복함으로써 기계화에 따른 몰개성, 상품화된 인간의 존엄성을 표현했다. 그리고 그것을 그의 스튜디오인 '팩토리'에서 조수들과 함께 대량 생산했다. 대표작으로 '캠벨 수프', '마오' 등이 있다.

내가 누군가의 사진을 찍고 싶다는 것은,
사실 내가 그 누군가를 알고 싶다고 말하는 것과 같다.
내가 아는 사람이 곧 내가 찍는 사람이다.

– 애니 레보비츠 (1949~)

– 애니 레보비츠 Annie leibovitz, 1949~

유대계 미국의 사진가. 그녀는 유명한 사람을 가장 많이 찍은 사진가로 유명하다. 1973년
부터 10년간 〈롤링스톤〉의 수석사진가로 활동했으며, 1980년 12월호 표지를 위해 찍은
존 레논과 오노 요코의 사진은 존 레논이 암살당하기 4시간 전에 찍은 사진으로 가장 유명
한 표지 중 하나가 되었다. 미국잡지편집인협회에서 선정한 '과거 40년 동안 가장 유명한
40개 커버사진' 가운데 1위로 선정되었고, 프랑스 정부로부터 문화예술훈장 등을 받았다.

사진가는

다른 세계로 떠나는 리포터와 같다.

그곳에서 만난 사람들의 이미지를 전한다.

그곳은 꿈과 상상의 세계다.

– 피에르 & 쥘 (1950~ , 1953~)

– 피에르 & 쥘 Pierre & Gilles, 1950~ , 1953~

프랑스의 남성 작가들. 피에르는 사진가, 쥘은 화가다. 파리 겐조 부티크 개장파티에서 만나 서로에게 연인이자 파트너로 지내면서 피에르가 찍은 사진 위에 쥘이 그림을 그려 완성하는 공동작업을 한다. 동성애자라는 그들의 성 정체성으로 동성애적 감수성을 바로크적 양식으로 표현하며 자신들의 판타지를 예술적으로 승화시킨다는 평가를 받고 있다. 대표작으로 「진주를 캐는 사람」, 「금발의 성녀」 등이 있다.

사진은

나 자신을 확인하는 수단이다.

– 모리야마 다이도 (1938~)

– 모리야마 다이도 Daido Moriyama, 1938~

일본의 사진가. 오사카 출생. 팝 아티스트 앤디 워홀, 사진가 윌리엄 클라인과 일본의 소설가 미시마 유키오의 영향을 받고 반 구조주의적인 사진을 시도했다. 진실은 의도된 구성이 아니라 즉흥적이고 일시적인 모습에서 찾을 수 있다고 믿었던 그는, 이를 사진작품으로 구현하기 위해 매우 작고 가벼운 카메라를 사용해 피사체를 관찰했다. 구도와 노출, 심지어는 초점까지도 무시한 일탈의 사진들은 현대의 사진계에 큰 영향을 주고 있다.

그날 가슴 아프게 찍은 사진 한 장으로
상(퓰리처상)까지 받을 줄은 몰랐다.

– 현 콩 닉 웃 (1951~)

– 현 콩 닉 웃 Hyun Cong Nich Ut, 1951~

베트남의 다큐멘터리 사진가. 16세부터 전쟁터에서 사진을 찍기 시작했으며, 그의 형도
종군기자로 활약하다 베트남전쟁 중 사망했다. 1972년 6월 8일 네이팜탄 폭격으로 불에
탄 트랑 방 마을에서 아홉 살 소녀가 옷도 걸치지 않은 채 울부짖으며 뛰어나오는 모습
을 촬영한 사진가로 유명하다. 이 사진으로 1973년 퓰리처상을 수상했다. 한때 한국에서
도 근무한 적이 있는 그는 2012년, 퓰리처상 수상 40주년을 맞아 포토저널리즘에 대한
공로를 인정받아 명예의 라이카 전당에 가입되었다.

카메라는 잘못 사용하면
암살자의 총처럼 치명적인 무기가 될 수도 있다.

– 노먼 파킨슨 (1913~1990)

– 노먼 파킨슨 Noman Parkinson, 1913~1990

영국의 사진가. 패션과 인물사진의 선구자다. 스튜디오를 벗어나 야외촬영을 시도해 패션사진의 새로운 길을 개척했다는 평가를 받고 있다. 그의 사진은 사회성 있는 도시를 배경으로 유머러스한 연출과 구성이 독특한데, 오드리 헵번 등을 촬영한 사진이 유명하다.

나는 세계가 어떻게 보이는지 알고 싶어서
사진을 찍는다.
사진은 이야기하지 않는다.
대상이 카메라에 어떻게 보이는지만 보여줄 뿐이다.

– 게리 위노그랜드 (1928~1984)

– 게리 위노그랜드 Garry Winogrand, 1928~1984

미국의 사진가. 리 프리들랜더와 더불어 1960년대 현대사진을 이끈 대표주자다. 생의 격정적인 순간의 리얼리티를 추구했고 과감한 앵글과 뛰어난 순간포착으로 가장 미국적인 도시풍경을 남겼다. 구겐하임 지원금을 세 차례나 받았고, MoMA에서 가장 많은 사진전을 한 사진가이기도 하다. 영화 『7년만의 외출』에서 지하철 환풍구 위에서 치마가 날려 올라가는 마릴린 먼로의 사진이 유명하다. 대표작으로 『뉴욕』, 『동물들』 등이 있다.

사진이야말로

참을 수 없는 악덕을 없애버리기 위해

가장 필요한 무기다.

– 고든 팍스 (1912~2006)

– 고든 팍스 Gordon Roger Alexander Parks, 1912~2006

미국 다큐멘터리 사진가. 캔자스 출생. 흑인으로는 처음으로 〈라이프〉의 전속 사진가가
되어 미국 흑인들의 삶을 앵글에 담았다. 예술적 재능이 풍부해 음악, 문학, 영화, 잡지
등 다양한 분야에서 활동했다. 미국 대통령이 수여하는 국가예술훈장을 수상했다.

보도사진을 찍는다는 것은 어쩌면
찍히는 쪽에 상처를 입히는 냉혹한 행위인지도 모른다.

— 구와바라 시세이 (1936~)

— 구와바라 시세이 Sisei Kuwabara, 1936~

일본의 다큐멘터리 사진가. 시마네 현 출생. 한국에 대한 깊은 관심을 갖고 1964년부터
우리나라에 자주 드나들면서 지속적인 사진작업을 했다. 사진집으로는 『미나마따의 아
픔』, 『보도사진가』, 『촬영금지』, 『내가 바라본 격동의 한국』 등이 있다.

사진을 찍는다는 것은 누군가와 공감하는 것이며,
그 누군가에 대한 배려다.

– 낸 골딘 (1953~)

– 낸 골딘 Nan Goldin, 1953~

미국의 소셜 다큐멘터리 사진가. 워싱턴 출생. 작품의 주요 테마는 사랑, 성, 가정생활
등이다. 대표적인 사진집으로 『성적 종속에 관한 발라드』, 『당신의 거울이 될게요』 등이
있다. 2007년 핫셀블라드상과 2012년 맥도웰 훈장을 수상했다.

무엇을 찍을 것인가가 아니라

무엇을 어떻게 찍을 것인가가 중요하다.

– 도로시 랭 (1895~1965)

– 도로시 랭 Dorothea Lange, 1895~1965

미국의 다큐멘터리 사진가. 1930년대 미국 대공황 시대의 가난한 미국 농촌사회의 이주
민들을 사진으로 남기는 작업을 했다. 이 당시 사회에 큰 반향을 불러일으킨 『이주노동
자의 어머니』는 20세기 초반 휴머니즘 포츠레이트의 대표작으로 기록되고 있다.

사진은 비밀에 관한 비밀이다.
더 많이 말할수록
우리가 아는 것은 더 적어진다.

— 다이안 아버스 (1923~1971)

— 다이안 아버스 Diane Arbus, 1923~1971

뉴욕의 부유한 유대계 집안에서 출생한 미국의 소셜 다큐멘터리 사진가. 미국 시민사회
의 그늘진 사람들을 카메라에 담았다. 소외계층 사람들, 기묘한 사람들을 정사각형 단렌
즈 카메라인 롤라이플랙스로 무겁게 프레임한 사진술이 유명하다. 대낮에도 정면광 조
명을 사용해 과장되거나 초현실주의적인 느낌이 강하게 촬영했다. 1971년 자살로 생을
마감했으며, 영화 「퍼Fur」의 모델이다.

© Seihon Cho, Hawaii Maui 2004

사진은 보이지 않는 것을 보이게 하는 것이며

사진가는 보이지 않는 것을 볼 수 있어야 한다.

– 조세현 『조세현의 얼굴』 중에서

사진은 인간을 위해
무언가 할 수 있을 것 같았다.

– 브루스 데이비슨 (1933~)

– 브루스 데이비슨 Bruce Davidson, 1933~

미국의 다큐멘터리 사진가. 시카고 출생. 스트리트 다큐멘터리 사진가로서 일상의 도시
풍경과 인간을 주제로 작업을 했다. 거리와 지하철 등에서 스트레이트하게 촬영한 사진
속의 강렬한 색감은 다큐멘터리 사진의 새로운 방법으로 제시되기도 했다. 대표작으로
『브루클린 갱』, 『뉴욕 지하철』, 『이스트 100번가』, 『센트럴 파크』, 『초상』 등이 있다.

아무리 잘 쓴 기사도

한 장의 사진만큼 실감을 주지는 못한다.

– 데이비드 셔먼 (1916~1997)

– 데이비드 셔먼 David Sherman, 1916~1997

미국의 다큐멘터리 사진가. 〈라이프〉 종군 사진기자로 많은 사진을 남겼다. 리 밀러와 함께 나치 항복과 나치의 강제수용소, 나치 본부, 히틀러의 저택 등을 취재한 사진이 사회적 관심을 불러일으켰다.

빛은 사진의 영원한 주제이며
사진은 빛의 기록이다.

– 존 섹스턴 (1953~)

– 존 섹스턴 John Sexton, 1953~

미국의 사진가. 몇 년 동안 앤설 애덤스 옆에서 조수 역할을 하며 사진기술을 익혔다. 윈 벌록의 신비로운 작품경향 등에 영향을 받아 그만의 고유한 색을 지닌 사진세계를 구축 했다. 촬영기법과 암실 테크닉이 뛰어났으며 사진에서 가장 중요한 '빛'을 읽어내는 데 탁월한 시각적 감각을 지녔다. 앤설 애덤스 워크숍 전임교수로 활동했다.

내 작품 중 가장 좋아하는 사진이 무엇인지 묻는다면,
바로 내일 찍을 사진 중에 하나라고 대답할 것이다.

– 이모젠 커닝햄 (1883~1976)

– 이모젠 커닝햄 Imogen Cunningham, 1883~1976
미국의 사진가. 식물의 형태나 패턴, 질감 묘사 등을 작품의 주제로 삼았으며 대상에 수
정을 가하지 않고 피사체를 솔직하고 선명하게 표현했다. 흑백 프린트의 우아한 톤과 순
수한 조형미가 합쳐져 섬세한 예술성을 보여주었다. 회화주의적 파인아트 사진과 초상
작업으로도 명성을 쌓았다. 도로시 랭, 마가렛 버크 화이트와 더불어 세계 3대 여성 사진
가 중 한 사람이다.

전쟁고아 사진은

그 어떤 이념적인 반전론보다도

강력한 설득력을 갖고 있다.

– 데이비드 시모어 (1911~1956)

– 데이비드 시모어 David Seymour, 1911~1956

미국의 다큐멘터리 사진가. 폴란드 바르샤바 출생. 로버트 카파, 앙리 카르티에 브레송 등과 의기투합해서 세계적인 사진가 그룹 '매그넘'을 창립했다. 대표작으로 『유럽의 아이 들』 등이 있다.

카메라는
나의 언어 수단이다.

– 코넬 카파 (1918~2008)

– 코넬 카파 Cornell Capa, 1918~2008

헝가리계 미국의 사진가. 전설적인 종군기자 로버트 카파의 동생이다. 〈라이프〉의 암실
에서 일을 시작해 사진가가 되고, 로버트 카파 사망 이후 매그넘에 가입한다. 정신지체
아동이나 미국의 노인 등 사회적 문제와 정치에 관심을 갖고 작품활동을 했다.

내 사진을 보는 사람은
내 생각을 보는 것이다.

– 듀안 마이클 (1932~)

– 듀안 마이클 Duane Michals, 1932~

미국의 포토저널리스트이며 파인아트 사진가. 이야기가 있는 사진, 시퀀스포토Sequence Photo의 창시자로 불린다. 대표작으로 『우연한 만남』, 『사물은 기묘하다』, 『할아버지의 죽음』 등이 있다.

인생이 탐험이듯
사진도 똑같은 탐험이다.

– 해리 캘러한 (1912~1999)

– 해리 캘러한 Harry Calahan, 1912~1999
미국의 사진가. 1920년대 독일에서 일어난 바우하우스의 전통을 이어받아 조형적 이념
으로 '사진을 통한 시각적 인식'이라는 새로운 방향을 제시했다. 시카고 디자인연구소의
사진과 교수로 활동했고, '사진에 있어서의 추상전', '열두 명의 사진가전', '인간 가족전'
등에 출품하기도 했다.

카메라는

시야의 해방을 위한 도구다.

— 라슬로 모홀리 나기 (1895~1946)

— 라슬로 모홀리 나기 Laszlo Moholy Nagy, 1895~1946

헝가리 출신의 사진가이며 미술가. 베를린으로 이주한 뒤 다다이스트dadaist들을 알게
되었고, 사진에 관심을 갖기 시작했다. 피사체를 직접 감광지 위에 올려놓고 빛에 노출
시킴으로써 영상을 만드는 실험을 통해 '포토그램'을 개발했다. 이 방법을 통해 그는 추
상적인 사진 작품들을 제작할 수 있었다. 『새로운 예술가의 산책』, 『운동에서의 시각』 등
의 저서를 남겼다.

카메라는
나의 엄격한 거울이다.

– 랄프 깁슨 (1939~)

– 랄프 깁슨 Ralph Gibson, 1939~

미국 파인아트 사진가. 빛과 그림자의 강렬한 콘트라스트를 이용한 심리적인 사진술로
작품활동을 하는 작가다. 빛보다는 그림자를 사진 주제로 더 중요하게 생각하며, 게슈
탈트Gestalt 이미지를 사진술에 많이 보여주고 있다. 『몽유병자』, 『데자뷰』, 『바다의 날
들』, 『4분할』 등의 사진집이 있다.

사진은 세계 어디에서나 통용되는
유일한 언어다.

– 헬무트 거른샤임 (1913~1995)

– 헬무트 거른샤임 Helmut Erich Robert Kuno Gernsheim, 1913~1995

독일 뮌헨에서 태어난 사진가이며 수집가. 뮌헨의 루드비히 막시밀리안 대학에서 미술
사를 공부하고 뮌헨주립사진대학을 졸업했다. 반유대인half-Jewish으로 영국 시민권을
획득, 영국에서 활동했다. 사진집『아름다운 런던』과 저서『창조적인 사진』 등이 있다.

이전에 본 것이 다시 보이면
셔터를 누르지 마라.

– 아트 케인 (1925~1995)

– 아트 케인 Art Kane, 1925~1995

미국의 포츠레이트, 패션사진가. 내용보다는 형식의 한계를 피하려는 의도로 광각 렌즈
를 많이 사용했으며, 21mm 초광각 렌즈로 촬영된 작품을 많이 발표했다. 특히 유명 팝
뮤지션들의 포츠레이트를 많이 촬영했는데, 대표작으로 『재즈의 초상』 등이 있다.

사람의 얼굴은 한 편의 소설과도 같다.

툭 하고 건드리면 한없이 쏟아져 나올 것처럼

그들의 이야기는 얼굴로 가득 차 있다.

하지만 그 긴 문장들을 하나의 단어로 압축해야 하는 것이

바로 사진가의 일이다.

— 조세현 『조세현의 얼굴』중에서

전우의 품에 안겨서 죽어가는 병사를 촬영하며

남의 슬픔을 이용하고 있다는 생각에

늘 양심의 갈등을 느꼈다.

그래도 나는 내가 하고 있는 일이

전쟁에 무관심한 사람들의 가슴을 찌르리라고 믿는다.

– 래리 버로스 (1926~1971)

– 래리 버로스 Larry Burrows, 1926~1971

베트남전쟁의 신화로 알려져 있는 〈라이프〉 소속 종군 사진기자였다. 다른 종군 사진기자들과는 달리 컬러필름만을 사용하였으며, 전쟁의 현장감과 사실적인 현실을 컬러사진을 통하여 그대로 전달하고자 노력했다. 그는 세 번이나 로버트카파메달을 수상하고 〈라이프〉의 전쟁사진으로 커버스토리를 열 번 넘게 장식했지만, 평소 종군 사진기자로 불리는 것을 싫어했다. 그는 취재에 나섰다 행방불명됐다.

사진은 추억이나 정돈 같은 것이 아니라
무언가 불가피한 것처럼 보일 때 가장 설득력 있다.

– 로버트 라우센버그 (1925~2008)

– 로버트 라우센버그 Robert Rauchenberg, 1925~2008

미국의 화가이며 팝아트의 거장. 추상표현파의 영향 아래 참신한 작품을 발표했으나 오
브제를 이용한 '콤바인 회화'를 만들어 앤디 워홀과 팝아트의 쌍벽을 이뤘다. 미국인 최
초로 베네치아 비엔날레에서 회화 부문 대상을 수상했다. 〈아트뉴스〉가 선정한 '생존작
가 중 가장 작품 값이 높은 작가 톱 10'에 선정되기도 했다. 대표작으로 「베드」, 「악슬」 등
이 있다.

사진은
내 정신의 내면과 외부 세계 사이에 놓여 있는
사각의 창窓이다.

– 나라하라 히코 (1940~)

– 나라하라 히코 Hiko Narahara, 1940~

일본의 파인아트 사진가. 사진은 '빛의 그림'이라는 명제 아래 시간과 공간을 프레임 안
에 구체적으로 이미지화하려고 노력하는 사진가다. 빛과 어둠이 만들어내는 영상 이미
지를 중심으로 구성된 작품이 많다. 랄프 깁슨과 비교될 만큼 게슈탈트Gestalt 이미지를
사진에 많이 응용하기도 했다. 『초상의 풍경』『인간의 토지』『천국』『空의 鏡』등 다수의
사진집을 발표했다.

인물사진에서 리터치는 일종의 범죄다.
얼굴에 있는 점 하나,
다크서클 등 그것 자체가 포함된 모습이
온전한 아름다움이다.
있는 그대로 정확하게 전달하는 것이
사진가의 임무다.

– 피터 린드버그 (1944~)

– 피터 린드버그 Peter Lindbergh, 1944~

폴란드 태생의 독일 사진가. 스티븐 마이젤, 파울로 로베르시와 함께 현존하는 세계 3대 패션사진가로 평가받는다. 인물의 표정을 기교 없이 솔직하고 대담하게 보여주는 흑백 사진으로 유명한 그는, 나오미 켐벨, 신디 크로포드 등 패션모델들을 촬영하여 전 세계 적으로 '슈퍼모델 붐'을 일으켰다. 파리 주요 패션업계 400명 이상의 심사위원들이 수여 하는 국제패션 어워드에서 베스트 포토그래퍼상을 받았다.

'진실'이라고 전제되어 대량 배포되는 신문사진보다
'무엇을 왜 연출했는지' 생각하게 만드는 광고사진이
때로는 설득력을 가질 때가 있다.
나는 물건을 사라고 설득할 생각이 없다.
그저 대중과 이야기하려고 노력할 뿐이다.

− 올리비에로 토스카니 (1942∼)

− 올리비에로 토스카니 Oliviero Toscani, 1942∼

이탈리아의 사진가. 1984년부터 베네통의 광고사진을 전담한 그는 각종 사회적 문제와
충격적인 이미지 등을 들춰내면서 은근하지만 강력한 사회적 메시지를 전달한다. 상반
된 시각이 충돌했지만 결과적으로 베네통의 가치는 엄청나게 올라갔다. 칸에서 받은 네
개의 황금사자상, 유네스코 그랑프리, 두 번의 다피사쥬 그랑프리를 비롯해 뉴욕, 도쿄,
밀라노 등의 작가협회에서도 수상했다. 대표작 『신부와 수녀의 키스』 등이 있다.

모든 사진은 정확하지만
그 어떤 것도 진실일 수는 없다.

− 로버트 메이플소프 (1946~1989)

− 로버트 메이플소프 Robert Mapplethorpe, 1946~1989

미국의 사진가. 동성애, 흑인남성 누드, 에이즈 등 금기시되던 도발적인 주제를 리얼리
티한 방법으로 대담하게 사진에 담았으며, 특히 남성 누드를 통해 남성의 에로티시즘을
집요하게 탐구했다. 모델의 피부와 근육 그리고 식물의 꽃잎에 떨어지는 빛의 색조 효과
를 디테일하게 탐구함으로써 피사체를 아름답고 추상적인 형태로 변형시켰다. 『꽃』, 『메
이플소프』 등의 사진집을 남겼다.

진실이야말로
최고의 사진이다.

– 로버트 카파 (1913~1954)

– 로버트 카파 Robert Capa, 1913~1954

헝가리의 보도사진가. 스페인 내란에서 총탄을 맞아 쓰러지는 병사의 모습을 찍은 사진
이 〈라이프〉에 실리면서 종군 사진기자로 이름을 알렸다. 베트남과 프랑스의 전쟁 취재
도중 지뢰를 밟아 41세의 나이로 짧은 생을 마감했다. 이후 생사를 돌보지 않는 기자정신
을 그의 이름을 빌려서 '카파이즘'으로 일컫게 되었다. 대표작으로 『노르망디 상륙작전 시
리즈』 등이 있다.

사진가는 무관심한 눈으로
삶을 관찰할 수가 없다.

– 로버트 프랭크 (1924~)

– 로버트 프랭크 Robert Frank, 1924~

스위스 출신의 미국 사진가. 구겐하임 재단의 장려금을 받아 미국 각지의 지극히 일상적
인 광경을 포착하여 이를 조형적인 아름다움으로 승화시킨 사진집 『미국인』으로 주목을
받았다. 이 사진집은 처음 미국에서 출간이 되지 못하고 프랑스에서 먼저 출간되었다.
이후 미국에서도 출간되어 현대 소셜 다큐멘터리 사진예술의 분수령을 마련했다는 평가
를 받았다.

내 마음이 움직여야 비로소
셔터를 누른다.

- 토몬 켄 (1909~1990)

- 토몬 켄 Ken Tomon, 1909~1990

일본의 다큐멘터리 사진가. 야마가타 현 출생. 일본 리얼리즘 사진의 계보가 그에게서
시작되었다. 『고움』 등의 사진집이 있다. 마이니치사진상, 일본저널리스트상, 기쿠지칸
상 등을 수상했으며, 1981년에 토몬켄사진상을 제정해 시상하고 있다.

사진이야말로 인생을 기록하는
가장 이상적인 매체다.

– 로베르 두아노 (1912~1994)

– 로베르 두아노 Robert Doisneau, 1912~1994

프랑스의 사진가. 인쇄공으로 공업사진을 촬영하다 사진가로 독립했다. 제2차 세계대
전 중에는 파리 시민들의 생활상을 담은 파인아트 사진들을 발표했는데, 그 중 「시청 앞
에서의 키스」는 세계인들의 사랑을 가장 많이 받는 걸작으로 꼽힌다. 프랑스 신문과 미
국의 〈라이프〉 등에서 사진기자로 활동했다. 대표작으로 『파리의 교회』, 『파리지앵』 등이
있다.

사진은 충격을 주고,
글은 거기에 의미를 부여한다.

– 루시앙 에네 (1901~1999)

– 루시앙 에네 Lucien Aigner, 1901~1999

헝가리 출신의 미국 사진가. 영화제작에 어시스턴트 카메라맨으로 참여하면서 사진에 관심을 갖게 되었다. 〈뉴욕타임즈〉의 편집자 빅터 타레가 그의 사진을 마음에 들어 해 일요일판에 '신앙'이라는 포토에세이 시리즈를 만들었다. 〈룩〉에 실린 포토에세이로 뉴욕의 디렉터 상을 받았다.

사진은 시공간을 초월하는 메신저다.

– 후지이 히데키 (1937~)

– 후지이 히데키 Hideki Fujii, 1937~

일본의 광고사진가. 후지이 그래피F-Graphy라는 독특한 사진기법의 창시자이며, 최근까지 일본 광고사진계와 사진교육계에서 활발한 활동을 보이고 있는 일본을 대표하는 사진가 중 한 명이다. 그는 일본 전통미의 본질을 찾고, 그 위에 새로운 해석을 가미함으로써 새로운 형태의 전통미를 만들어내고 있다.

© Sethon Choi, South Sudan, 2009

한없이 투명한 필름과 햇빛을 모으는 볼록렌즈,

그리고 모래알처럼 조그만 입자가 그려내는 그림이 바로 사진이다.

— 조세현 『조세현의 얼굴』 중에서

이상적인 역사의 기록은
사진가의 예술성이 보이지 않아야 한다.

– 루이스 발츠 (1945~)

– 루이스 발츠 Lewis Baltz, 1945~

미국의 사진가. 캘리포니아 출생. 1970년대 초반부터 사진의 새로운 예술성을 모색해
'뉴 포토그래픽 운동'의 선구자로 부상했다. 1980년대의 작은 흑백사진 시리즈와 1990
년대의 거대한 컬러사진들 속에 사회적 풍경을 중립적으로 표현했다. 사진의 기본적 조
형요소인 선과 톤, 빛과 색의 완벽한 표현으로 현대적인 세련미를 발산하며 현대 독일사
진에 많은 영향을 미쳤다.

사진은 마치 두 눈으로 목격한 것처럼

당신이 말하고자 하는 것을 이야기한다.

– 루이스 하인 (1874~1940)

– 루이스 하인 Lewis Wickes Hine, 1874~1940

미국의 다큐멘터리 사진가. 미국 소셜 다큐멘터리 사진의 선구자로 평가받는다. 특히 아동노동의 참상을 사진으로 담아 아동노동복지법을 제정하는 데 기여했다. 엠파이어스테이트 빌딩을 축조하는 노동자들을 따라 고층 철재 빔에 매달려 다큐멘터리 사진을 촬영한 것으로 잘 알려져 있다. 사진집 『일하는 사람들』 등이 있다.

감탄을 자아내는 사진에는
사람을 혼란시키는 힘이 있다.

– 리제트 모델 (1906~1983)

– 리제트 모델 Lisette Model, 1906~1983

미국의 사진가. 니스의 사람들을 많이 찍었으며, 〈하퍼스 바자〉를 비롯한 각종 잡지에
기고했다. 또한 학교와 워크숍 등에서 전문 사진가를 배출하는 데 심혈을 기울였는데,
다이안 아버스 또한 그의 가르침을 받았다. 유리창에 비치는 사람들의 영상적 이미지 등
인간의 존재의식을 새로운 각도에서 파악했다. 1967년 미국잡지사진가협회 명예회원으
로 추대되었다.

나는 사진 속에서
강물 같이 흐르는 사랑을 찾고 있다.

– 호소에 에이코 (1933~)

– 호소에 에이코 Eikoh Hosoe, 1933~

일본의 사진가. 육체를 추상화하여 누드로 표현한 작품이 많다. 1980년대 이후, 미국을 중심으로 해외에서도 왕성한 활동을 했다. 호소에만의 독특한 인화기법인 솔라리제이션 기법을 쓴 작품 「루나로사」에 대해 "이 새로운 복합기법에 이름을 붙일 필요가 있었다. 나는 3일간 고민 끝에 '루나로사(빨간 달)'로 명명했다"고 말했다. 대표작으로 「남과 여」, 「장미 형」 「포옹」 등이 있다.

나에게 사진이란
지성과 육체의 만남이다.

– 리처드 롱 (1945~)

– 리처드 롱 Richard Long, 1945~

1960년대에 '아르테 포베라 운동'에 참여했던 영국의 전위 미술가이며 사진가. 영국 전역과 세계 각지를 돌며 현지의 자연물이 풍경과 조화를 이룰 수 있는 형태를 만들어 사진으로 기록했다. 그의 작품에는 자연스러운 길의 형태나 원초적인 원의 이미지가 자주 등장한다. 『걷기로 생겨난 선』을 통해 걷기를 하나의 미술형식으로 만들었다. 1989년 터너상을 수상했으며, 대표작으로 『막대기들로 이루어진 원』, 『슬레이트 원』 등이 있다

사진은

눈앞에 보이는 현실을 비추어주는 거울이다.

− 시노야마 기신 (1940~)

− 시노야마 기신 Kishin Shinoyama, 1940~

일본의 사진가. 호소에 에이코와 더불어 일본 사진의 예술성을 서구에 알린 인물이다. 항상 새로운 사진 도구들을 적극적으로 받아들여 작업하는 작가다. 수많은 일본 유명 연예인들의 인물사진을 찍었지만, 무엇보다도 그를 유명하게 한 것은 1991년, 18세의 미야자와 리에와의 누드사진 작업, 「산타페」다.

사물을 이해한다는 것은
사진 찍는 일만큼이나 중요하다.

– 마가렛 버크 화이트 (1904~1971)

– 마가렛 버크 화이트 Margaret Bourke White, 1904~1971

미국의 포토저널리스트. 뉴욕 출생. 여성 다큐멘터리 사진가로서 미국 공군과 함께 한국
전쟁 등에서 종군 사진기자로 활약했으며 〈포춘〉 부편집장, 〈라이프〉 부사장 등을 지냈
다. 대표작으로 『러시아전쟁을 찍다』, 『인디아와의 인터뷰』, 『나의 포츠레이트』, 『말하라,
이것이 미국인가』 등이 있다.

사진만큼

민주적 역량을 가진 예술도 **없다.**

– 마누엘 알바레스 브라보 (1902~2002)

– 마누엘 알바레스 브라보 Manuel Alvarez Bravo, 1902~2002

'멕시코 사진의 아버지'라 불린다. 멕시코의 농촌이나 지역축제, 종교행렬 등 광범위한 영역의 전통적 모습을 기록해 온 작가다. 미니멀리즘적인 구도와 집중적인 디테일을 보여주는 그의 이미지들은 독특한 상상력과 재치, 초현실주의적 유머 등을 통해 시공을 초월한 보편성을 획득하고 있다. 그의 사진에는 왕성한 생명력과 흙 냄새를 느끼게 하는 것이 많다.

나의 사진에는
나의 생활이 나타나야 한다.

– 기무라 이헤이 (1901~1974)

– 기무라 이헤이 Ihei Kimura, 1901~1974

일본의 다큐멘터리 사진가. 도쿄 출생. 일본 사진계의 아버지라 할 만큼 영향력이 큰 사
진가다. 단순한 구도와 간결한 톤으로 초기 일본 사진의 흐름을 이끌어 왔다. 대표작으
로 『기무라 이헤이의 눈』, 『중공야행』, 『파리』 등이 있다. 1975년에 기무라이헤이사진상을
제정해서 시상하고 있다.

검은색이 흰색을 만나
사진이 된다.

– 마리오 자코멜리 (1925~2000)

– 마리오 자코멜리 Mario Giacomelli, 1925~2000
그의 사진은 대부분 검은색과 흰색에 많은 부분을 할애하고 있어, 중간 톤의 회색은 찾기 어렵다. 배경을 지우는 등의 방법으로 흑백의 콘트라스트를 극대화했다. 대표작으로 『스카노』 시리즈, 『젊은 사제들』, 『나는 누구도 아니다』, 『이 기억을 이야기하고 싶다』 등이 있다.

전쟁으로 출세하는 이는
장군과 사진기자밖에 없다.

– 사와다 쿄이치 (1936~1970)

– 사와다 쿄이치 Kyoichi Sawada, 1936~1970

일본의 다큐멘터리 사진가. 아오모리 출생. 1965년 베트남전쟁에서 강을 건너 피난을 가
는 두 가족을 찍은 작품 「안전으로의 도피」로 퓰리처상을 받았으며, 네덜란드 헤이그의
보도사진전 대상, 미국 해외기자상 등을 수상했다. 1970년 캄보디아에서 취재 중 34세의
나이로 동료 2명과 함께 사망했다.

사진은 신기루 같은 것이며,

카메라는 현실을 변형하는 기계다.

– 마이너 화이트 (1908~1976)

– 마이너 화이트 Miner Martin White, 1908~1976

미국의 포토저널리스트, 사진교육자. 신비학의 추종자로서 원시우주론의 경지를 추구
했다. 기계적인 기록성에 은유적 상징체계를 결합하고 자연의 신비성을 표현하려 했다.
사진 전문지인 〈아퍼추어〉를 창간하여 발행했고, 여러 대학에서 사진을 가르쳤으며 큐
레이터로서 중요한 전시회를 많이 기획하기도 했다. 대표작으로 『굴뚝』, 『역광의 고드름』
등이 있다.

촬영하는 과정에서

찍는 자와 찍히는 대상 사이의 교감이 가능한 피사체는 오로지 사람뿐이다.

찍는 사람과 찍히는 사람 사이에 흐르는 기분과

감정에 따라 변주가 가능한 것이다.

같은 사람을 열 번 찍어도 매번 다른 결과물이 나오는 것은

바로 그런 이유이다.

― 조세현 『조세현의 얼굴』 중에서

진실한 사진은

언젠가는 말을 한다.

– 마틴 문카치 (1896~1963)

— 마틴 문카치 Martin Munkasci, 1896~1963

루마니아 출생의 미국 패션사진가. 제1차 세계대전 중 종군 사진기자로 활동했으며, 당
시 세계 최대의 출판사인 울스타인과 전속계약을 맺어 사진가로서는 독일 최고의 대우
를 받았다. 나중에 〈하퍼스 바자〉, 〈보그〉의 사진가로 활동하며, 패션사진 표현에 동적
인 이미지를 이용한 새로운 양식을 창시했다. 대표작으로 『누드』 등이 있다.

다큐멘터리라고 객관적일 수는 없다.
사진은 주관적인 것이며,
정작 중요한 것은 작가의 목소리다.

– 마틴 파 (1952~)

– 마틴 파 Martin Parr, 1952~

영국의 다큐멘터리 사진가. 일상적인 풍경 속을 떠도는 현대인의 욕망을 강렬한 컬러로 담아낸다. 매그넘 사진가들 가운데 가장 독특한 작가 중 한 사람으로 평가되고 있다. 『소비시대』, 『마지막 유원지』, 『악천후』 등의 사진집을 펴냈다.

나의 관심은
인간 기억의 가장 오래된 모습을
사진이라는 매체를 통해
시각화하는 것뿐이다.

– 스기모토 히로시 (1948~)

– 스기모토 히로시 Hiroshi Sugimoto, 1948~

일본의 파인아트 사진가. 도쿄 태생. 도쿄 릿교 대학에서 정치학과 사회학을 전공했으며, 미국으로 건너가 로스앤젤레스의 ACCD Art Center College of Art and Design에서 순수예술을 공부했다. 미국에서 유행한 미니멀리즘과 다다이즘, 초현실주의에 흥미를 가졌고, 앙드레 브레통Andre Breton과 마르셀 뒤샹Marcel Duchamp의 작품과 글에 심취했다. 철저히 자신만의 내면세계를 사진을 통해 형상화해서 기록하는 작가다. 대표작으로 『디오라마』, 『바다풍경』, 『밀랍 미술관』, 『건축』 등이 있다.

내가 할 일은

사랑의 손길이 미치지 못하는

세계의 구석에 존재하는 인간의 거짓 없는 모습을

사진으로 표현하는 것이다.

– 베르너 비숍 (1916~1954)

– 베르너 비숍 Werner Bischof, 1916~1954

스위스의 다큐멘터리 사진가. 제2차 세계대전 당시 프랑스, 독일 등지의 피난민을 찍어
유럽의 전쟁참상을 보도하면서 세계적으로 인정받았다. 매그넘의 창립 멤버이며, 한국
전쟁의 종군 사진기자로 활약하기도 했다. 인간의 현실문제에 대한 따뜻한 시선으로 다
큐멘터리 사진가 중에서 가장 평화주의자로 알려져 있다.

사진가는 사물이 아니라
자신이 진정으로 느낀 것을 묘사해야 한다.

– 베레니스 애보트 (1898~1991)

– 베레니스 애보트 Berenice Abbott, 1898~1991

미국의 다큐멘터리 사진가. 젊었을 때 회화를 배웠으며, 1924년 유럽으로 건너가 만 레이의 조수가 되었다. 그러나 그의 영향을 받지 않고 포츠레이트나 파인아트보다는 다큐멘터리 사진에 흥미를 가졌다. 귀국 후 뉴욕의 생태를 접하고 촬영하며 『변화하는 뉴욕』이란 사진집을 간행했다.

힘든 사진의 길도

목숨을 걸고 하면 이루어진다.

– 미키 준 (1919~1992)

– 미키 준 Jun Miki, 1919~1992

일본의 사진가. 일본 보도사진의 개척자 중 한 사람이며, 사진잡지 〈라이프〉에 일본인 최초로 작품을 선보였다. 한국전쟁 당시 종군기자로 활약했으며, 세종문화회관에서 개최된 니콘국제사진콘테스트 등의 각종 사진행사에 참가하기 위해 자주 내한한 지한파 사진가다. 니콘Nikon은 그의 공로에 대한 보답으로 1999년부터 아마추어 사진가전인 '니콘살롱'에 '미키준상'을 만들었다.

사진을 볼 때
항상 의심하라.

– 베르톨트 브레히트 (1898~1956)

– 베르톨트 브레히트 Bertolt Brecht, 1898~1956

독일의 시인이며 극작가. 반전적이며 비사회적 경향의 사상을 가졌다. 제대군인의 혁명
체험의 좌절을 묘사한 『밤의 북소리』로 클라이스트상을 수상했다. 제2차 세계대전 종전
후에는 미국의 매카시즘 때문에 스위스로 떠나 『안티고네』와 『파리 코뮌의 나날』을 쓰고
연극론에 대한 개설서 『소사고 원리』를 집필하기도 했다. 모스크바에서 스탈린평화상을
수상했다.

사진은
죽음을 되살려 놓는다.

– 아라키 노부요시 (1940~)

– 아라키 노부요시 Nobuyoshi Araki, 1940~

일본의 사진가. 디테일한 성적 대상을 충격적인 방법으로 촬영하는 그의 작품은 사진을 통해 인간의 성 정체성을 표현하고 있다. 인간 내면의 성에 대한 환상을 아라키 특유의 로맨틱하고 사실적인 감각으로 구현하고 있다. 대표작으로 『감상적 여행』, 『겨울여행』 등 이 있다.

남들에게는 보이지 않고 오직 내게만 보이는 것,
그것이 바로 사진가의 시각이다.

– 보리스 미하일로프 (1938~)

– 보리스 미하일로프 Boris Mikhailov, 1938~

러시아의 다큐멘터리 사진가. 우크라이나 출생. 핫셀블라드상, 시티은행사진상 등을 수
상했다. 대표작으로 『해질 무렵』 『사례연구』 『솔트레이크와 보리스 미하일로프 회고집』
등이 있다.

사진은

기억을 가진 거울이다.

– 뷰먼트 뉴홀 (1908~1993)

– 뷰먼트 뉴홀 Beaumont Newhall, 1908~1993

미국의 사진역사가, 사진비평가. 뉴욕현대미술관에 사진 부문을 창설했으며, 대표작으로 『사진의 역사』, 『기록으로서의 사진』 등이 있다.

나의 유일한 목적은 현실을 표현하는 것이다.
현실 그 자체보다
더 초현실적인 것은 없기 때문이다.

– 브라사이 (1899~1984)

– 브라사이 Brassai, 1899~1984

헝가리 태생의 프랑스 사진가. 파리 하류층의 애환과 파리의 신비로운 분위기를 사진에
담았으며, 제2차 세계대전 기간 동안에는 사진에서 손을 떼고 그림과 판화 작업을 했다.
전쟁 후 주로 〈하퍼스 바자〉의 사진을 찍었다. 자신의 사진과 시인 폴 모랑의 글을 함께
수록한 사진집 『밤의 파리』를 펴내 에머슨상을 타면서 유명해졌다.

사진의 영향은
돌을 던진 호수처럼 파문을 일으키며
퍼져 나갈 것이다.

− 브렛 웨스턴 (1911~1993)

− 브렛 웨스턴 Brett Weston, 1911~1993

미국의 풍경사진가. 에드워드 웨스톤의 아들로, 어릴 때부터 아버지의 조수 역할을 했
다. 형식을 앞세운 균형미와 조형성을 최고로 하는 흑백 프린트의 대가로, 앤설 애덤스
와 쌍벽을 이루는 작가였다. 다큐멘터리의 시각과 전통적인 조형을 적절히 수용하는 파
인아트의 진면목을 보여주었다.

광고사진은 상품이 아니라
감성을 팔아야 한다.

– 브루스 웨버 (1946~)

– 브루스 웨버 Bruce Weber, 1946~

미국의 패션사진가. 그는 사진의 근원이 에로티시즘이라고 생각하며 인간 내부에 잠재
된 에로티시즘을 발굴하고 표현해 내는 데 심혈을 기울였다. 한때 리처드 애버던의 모델
관과 촬영 스타일을 배우기 위해서 그의 모델이 된 적도 있다. 멕시코를 무대로 한 캘빈
클라인 광고들과 다수의 유니섹스 이미지의 광고들로 주목을 받았다.

나는 내가 좋아하는 것밖에 찍지 않는다.

아니, 찍을 수가 없다.

– 우에다 쇼지 (1913~2000)

– 우에다 쇼지 Shoji Ueda, 1913~2000

일본의 사진가. 세계적인 사진가들에게 영감의 대상이었던 그는 "사구는 하나의 거대한 지평선이다"라고 말할 정도로 사구에 대한 애착이 강했다. 마치 르네 마그리트의 작품처럼 인물과 오브제를 사구 위에 배치해 연극적인 무대를 연출한 사진이 우에다 이미지의 특징이었으며, 이를 세계 사진계에서는 '우에다 초'라고 불렀다. 프랑스로부터 문화훈장을 받았고, 돗토리 현에 '우에다 쇼지 사진미술관'이 세워졌다.

오늘도 나는 카메라 뒤에 선다.

자, 무엇을 담을 것인가.

눈보다 마음을 먼저 열고 그들의 이야기에 귀를 기울인다.

– 조세현『조세현의 얼굴』중에서

순수한 이미지란 존재하지 않는다.
우리가 순수하게
망막에 맺힌 이미지만을 보는 일은 거의 없다.
언제나 언어가 개입하기 때문이다.

– 빅터 버긴 (1941~)

– 빅터 버긴 Victor Burgin, 1941~

영국 출신의 아티스트이며 이론가. 개념주의 미술가인 로버트 모리스의 강의를 듣고 영
향을 받았으며, 그림과 텍스트 사이의 복잡한 기호학적 체계를 해독하는 데 관심을 가졌
다. 그의 사진비평은 기호학적 사진이론의 탁월한 저술로 평가받고 있다. 대표작에 『포
토패스』, 『러브 스토리』 등이 있다.

사진가는 보통 사람들보다 더 집요하게
사물을 꿰뚫어보아야 한다.

- 빌 브란트 (1904~1983)

- 빌 브란트 Bill Brandt, 1904~1983

영국의 사진가. 극단의 광각 렌즈에 의해 왜곡된(데포르마숑 deformation) 누드 이미지로 조형적인 화면을 구성하는 것으로 알려져 있다. 인간을 자연의 한 오브제처럼 구성하여, 광각 렌즈만의 독특한 특징을 이용한 그의 쉬르리얼리즘 풍의 표현은 많은 사진가에게 영향을 끼쳤다. 대표작으로 『런던의 어린이』 등이 있다.

사진의 핵심은

사실을 종이에 옮긴 **다큐멘터리 이미지다.**

– 빌 오웬스 (1938~)

– 빌 오웬스 Bill Owens, 1938~

미국의 다큐멘터리 사진가. 캘리포니아 산호세 출생. 소위 미국 서부의 '지방주의' 사진가로, 따뜻한 시선과 부드러운 톤으로 자신이 속한 주변 지역의 사람들을 주로 찍었다. 대표작으로 『교외거주자』, 『일』, 『레저』 등이 있다.

카메라는 사람의 눈처럼 움직여야 한다.
눈은 줌 인이나 줌 아웃을 하지 않는다.

– 빔 벤더스 (1945~)

– 빔 벤더스 Ernst Wilheim Wim Wenders, 1945~

독일의 영화감독. 제2차 세계대전 후 미국 문화에 젖어든 독일인의 정체성에 대한 많은
영화를 만들었다. 「페널티킥을 맞은 골키퍼의 불안」으로 데뷔해 호평을 받았으며, 「베를
린 천사의 시」로 칸영화제 감독상과 몬트리올영화제 작품상을 수상했다. 작품으로는 폴
라로이드 카메라에서 영감을 받은 「도시의 앨리스」 「파리, 텍사스」 「부에나 비스타 소셜
클럽」 등이 있다.

다시 반복될 수 없는 이미지가
나에게는 가장 좋은 사진이다.

– 사라 문 (1941~)

– 사라 문 Sarah Moon, 1941~

프랑스의 패션사진가. 파리 출생. 1960년대 패션계에서 모델로도 활동했다. 그녀의 까
사렐 광고사진은 독특한 기법과 작업으로 많은 반향을 불러일으켰다. 할로겐 램프와 자
연광, 고감도 필름 등을 적절히 활용하여 몽환적이면서도 우아한 사진을 만들었다. 천장
에 거울을 매달고 거울에 비치는 희미한 영상을 찍어내는 부감촬영은 그녀만의 사진세
계를 차별화한다.

세상이 자유롭고 평등하지 못해서
나는 카메라를 들었다.

– 대니 라이언 (1942~)

– 대니 라이언 Danny Lyon, 1942~
미국의 다큐멘터리 사진가이며 영화감독. 브루클린 출신으로, 독학으로 사진과 영화를
공부했다. 1967년 맨해튼에서 일어난 대규모 철거작업과 환경보호문제 등에서 날카롭
고 진보적인 시각의 사진으로 반향을 일으켜 뉴 저널리즘New Journalism의 기수로 평가
되고 있다. 성범죄자들이 수감된 6개 교도소에서 14개월간 촬영한 다큐멘터리 사진도
유명하다. 1969년 구겐하임 기금을 받았고, 휘트니박물관, 시카고미술관에서 개인전을
가졌다. 대표작으로 『망자亡者와의 대화』, 『맨해튼의 파괴』 등이 있다.

다큐멘터리 사진가의 생애는
희생과 투쟁이다.

– 세바스티앙 살가두 (1944~)

– 세바스티앙 살가두 Sebstiao Salgado, 1944~

브라질의 사진가. 1970년대 국제커피협회 소속으로 아프리카를 여행하는 동안 아프리카의 현실을 보고, 경제학이 아니라 사진으로 이 현실을 세상에 알리기로 결심, 사진으로 인생을 바꾼 다큐멘터리 사진가다. 이후 남아메리카의 노동자들 속으로 파고들어 그들의 삶을 그 자신의 시선으로 담아내 세상에 알렸고, 이 사진으로 많은 상을 받았다. 대표작으로 『노동자들』 등이 있다.

이렇게까지

사람들에게 사랑받는 사진이 될 줄은 몰랐다.

– 데니스 스톡 (1928~2010)

– 데니스 스톡 Dennis Stock, 1928~2010

미국의 포토저널리스트, 포츠레이트 사진가. 뉴욕 출생. 제임스 딘 사진으로 유명하다. 그와 촬영한 며칠 뒤 제임스 딘이 교통사고로 사망해 그의 작품이 제임스 딘의 마지막 사진이 되었다. 대표작으로 『포츠레이트 제임스 딘』, 『뉴잉글랜드 메모리즈』 등이 있다.

나의 사진은 고통스런 탐구와
끊임없는 여행의 결과물이다.

– 스티브 맥커리 (1950~)

– 스티브 맥커리 Steve McCurry, 1950~

미국의 다큐멘터리 사진가이며 환경사진가. 세상의 불행한 사람들을 위하여 사진가의 길을 선택한 그의 사진은 서정적인 리얼리즘을 추구하고 있다. 그만의 강렬한 색채를 표현하기 위하여 한동안 코닥크롬kodachrome 필름과 독특한 현상방법을 사용했다. 1984년, 소련과 전쟁 중이던 아프가니스탄을 방문해 남루한 누더기를 걸친 채 날카로운 눈빛으로 렌즈를 응시하는 소녀를 촬영한 사진이 〈내셔널지오그래픽〉 표지를 장식해 세계적인 포토저널리스트로 부상했다. 로버트카파상의 첫 번째 수상자다.

박제와
사진은 닮았다.

– 아네트 메사제 (1943~)

– 아네트 메사제 Annette Messager, 1943~

프랑스의 설치미술 작가. 2005년 베니스비엔날레에서 황금사자상을 수상한 프랑스의 작가다. 그녀의 작품 대다수는 몸이 곧 언어임을 말하고 있다. 그녀의 작품에서 몸은 그 것이 사람의 몸이건 사물의 몸이건 하나의 언어로 치환된다. 대표작으로「카지노 : 피노 키오의 드로잉」등이 있다.

나는 사진에서
나 자신을 재생할 수 있는 에너지를 얻는다.

– 허버 리츠 (1952~2002)

– 허버 리츠 Herb Ritts, 1952~2002

리처드 기어, 마돈나를 비롯해 신디 크로포드, 엘리자베스 테일러 그리고 정치계의 넬슨 만델라, 종교인 달라이 라마 등 1980~1990년대 유명인사 대부분이 그의 포트폴리오에 포함되어 있다. 1993년 아프리카로 여행을 떠나 마사이 부족을 촬영하게 되는데, 이 작업을 통해 그는 더욱더 많은 원시적인 사진적 영감을 받아 활발한 활동을 하게 된다. 대표적인 사진집으로는 『듀오duo』가 있다.

나에게 포츠레이트는
사진가의 창조적인, 개성적인 사고방식에 의해서 해석된
한 인물의 시각적인 기록이다.

– 아놀드 뉴먼 (1918~2006)

– 아놀드 뉴먼 Arnold Newman, 1918~2006

미국의 포츠레이트 사진가. 주로 사회의 저명인사나 예술가들의 포츠레이트 사진을 찍
었다. 그의 사진은 현실공간을 인물과 조화시키면서 기존의 전통적인 포츠레이트 사진
의 틀을 벗어나 새로운 면을 개척한 것으로 평가받고 있다. 1951년 독일 포토키나의 사
진문화상을 수상했다. 사진집 『마음의 눈』, 『미국의 얼굴』 등이 있다.

익숙한 그의 얼굴에서 전혀 다른 표정을 만날 때,

그때가 바로 셔터를 누를 타이밍이다.

– 조세현 『조세현의 얼굴』 중에서

현대의 모든 상형언어 중에서
가장 완벽한 것은 사진이다.

– 안드레스 파이닝거 (1906~1999)

– 안드레스 파이닝거 Andreas Feininger, 1906~1999

프랑스 출신의 미국 사진가. 제2차 세계대전 당시, 프리랜서 사진가로서 미국으로 이주
하여, 〈라이프〉의 포토저널리스트로 활동했다. 5대륙에서 자신의 취향에 맞는 테마를
찾아다니며 자연과 인간이 엮어내는 다양한 상호관계를 여러 각도에서 포착했다. 1966
년 미국사진협회로부터 로버트레비트상, 1991년 국제사진협회 평생공로상을 수상했다.
대표작으로 『사진의 구도』 등이 있다.

사진은 찍는 것이 아니라
만드는 것이다.

– 앤설 애덤스 (1902~1984)

– 앤설 애덤스 Ansel Easton Adams, 1902~1984

미국의 사진가. 미국 모더니즘 사진 중에서 형식주의 사진의 대표적인 사진가 중 한 사
람이다. 미국 캘리포니아 주의 요세미티 계곡의 풍경을 찍은 흑백사진 작품들로 유명하
다. 캘리포니아 대학에서 명예박사학위 수여, 미국 내무성으로부터 환경보존상 수상, 카
터 대통령으로부터 자유의 훈장을 받았다. 대표작으로 『미국서부 풍경사진』 등이 있다.

셔터를 누르는 순간
나의 모험은 시작된다.

- 안톤 코르빈 (1955~)

- 안톤 코르빈 Anton Corbin, 1955~

네덜란드의 사진가이며 영화감독. 인물사진을 시작으로 화가, 뮤직비디오 감독, 배우,
작가 등 전방위적인 예술 분야에서 명성을 쌓았다. 런던비평가협회상 신인상을 수상했
으며, 수많은 뮤지션의 앨범과 사진을 찍으며 록 밴드 전문 사진가 겸 뮤직비디오 감독
으로 M-TV뮤직어워드 수상과 함께 특유의 영상감각을 인정받았다.

사진은
예술가들의 새로운 도구다.

– 알렉세이 브로도비치 (1898~1971)

– 알렉세이 브로도비치 Alexey Brodovitch, 1898~1971

미국의 아트디렉터. 〈하퍼스 바자〉의 아트디렉터로 일하며 20세기 편집 디자인 발전에
지대한 공헌을 했다. 사진과 디자인의 관계를 본격적으로 연구한 아트디렉터로서, 현대
적 개념의 아트디렉터 상을 확립한 인물로 꼽힌다. 『발레』, 『관찰』 등은 지금도 디자인의
걸작으로 꼽힌다.

카메라는

직관에 따라 움직이는 도구다.

− 임응식 (1912~2001)

− 임응식 1912~2001

한국의 사진가. 사진 장르를 기록물의 차원에서 예술의 영역으로 끌어올린 작가로, '영상 시인'으로 불린다. 1952년 인천상륙작전 당시 종군 사진가로 활동, 같은 해 한국사진가 협회를 창설했다. 1953년 서울대 미술대학에 사진 강좌를 개설하고 한국 최초로 사진교 육을 실시했다. 대표작으로는 「소자정물」 「뚝을 가다」 「명동풍경」 등이 있다. 한국사진문 화상, 서울특별시문화상, 대한민국문화예술상, 현대사진문화상, 은관문화훈장 등을 수 상했다.

눈에 이야기를 거는 단순한 사진 한 장이
완벽한 설명보다 더 많은 것을 털어놓는다.

— 알베르 롱드 (1858~1917)

— 알베르 롱드 Albert Londe, 1858~1917

프랑스의 사진가. 발작과 비정상적인 행동을 연속사진으로 기록해 정신병리학 연구를
지원하고, 공 차는 모습과 같은 일상적 행동의 순간적 변화 양상을 연속사진으로 추적했
다. 초기에는 9개의 렌즈와 디스크셔터가 달린 카메라로, 후기에는 12개의 렌즈가 달린
카메라로 한 원판 위에 9개, 12개의 연속장면을 기록함으로써 여러 대의 카메라로 작업
하는 에드워드 머이브리지Edward Muybridge의 번잡한 작업을 갱신했다.

사진 속에는 현실이 있고 이것은 때때로

진짜 현실보다

더욱 현실적인 불가사의한 힘을 지니고 있다.

– 알프레드 스티글리츠 (1864~1946)

– 알프레드 스티글리츠 Alfred Stieglitz, 1864~1946

'미국 근대사진의 아버지'로 불리는 사진가. 19세기의 지배적인 사진 양식이었던 회화적 살롱 사진을 반대하고 리얼리즘의 묘사를 주장했다. '사진 분리파'를 결성해 아마추어 사진계의 지도적 위치에서, 많은 신예 사진가들에게 큰 영향을 끼쳤다. 화가 조지아 오키프와 결혼해 그녀를 모델로 한 수백 점의 작품을 남겼다. 대표작으로 『조지아 오키프 : 포츠레이트』 등이 있다.

모든 포토저널리스트들은

이야기를 시작하는 그 순간을 발견하고

포착해야 한다.

― 알프레드 아이젠슈테트 (1898~1995)

― 알프레드 아이젠슈테트 Alfred Eisenstadt, 1898~1995

독일 출신의 미국 사진가. 1930년대 초 독일의 포토저널리즘 분야에서 활동하면서 35mm 라이카 사진기를 사용하는 기술을 개발했다. 이후 미국으로 건너가 〈라이프〉에서 일하면서 1,500편의 '엮음사진'을 발표했다. 인간의 감정을 극적 순간을 빌어서 포착하는 착안력이 뛰어난 작가로 평가되고 있다. 대표작으로 『전승기념일에 타임스퀘어에서』 등이 있다.

모든 예술은 인간의 존재를 기초로 한다.
유독 사진만이 인간의 부재로부터
이익을 얻어내려 한다.

– 앙드레 바쟁 (1918~1958)

– 앙드레 바쟁 Andre Bazin, 1918~1958

프랑스의 영화비평가. 1951년 전 세계에서 가장 권위 있는 영화비평지로 평가되는 〈카
이에 뒤 시네마〉를 창간해 영화의 큰 조류인 리얼리즘 영화미학의 정립에 크게 공헌했
다. 작가주의 영화이론을 주창하며 프랑스 누벨바그 운동을 주도했다. 대표 저서로 『영
화란 무엇인가?』, 『장 르느와르』, 『오슨 웰스의 영화미학』 등이 있다.

우리는 두려움에 빠질 때 총을 발사한다.
하지만 향수에 젖을 때는 사진을 찍는다.
카메라는 경험을 붙잡아 두려는 심리를
가장 이상적으로 만족시키는 의식의 도구다.

– 수잔 손택 (1933~2004)

– 수잔 손택 Susan Sontag, 1933~2004

미국의 에세이 작가이자 소설가, 예술평론가, 사회운동가. '대중문화의 퍼스트레이디'로
불린다. 1960년대 미국 반문화운동의 서장을 연 기념비적 선언문이었던 '해석에 반대한
다'와 '캠프에 대한 단상'이라는 두 편의 글로 문단과 학계의 주목을 받았다. 대표작으로
『급진적 의지의 스타일』, 『사진에 관하여』, 『은유로서의 질병』 등이 있다.

예술이 자연을 모방하듯이,

이젠 자연이 사진을 모방하기 시작했다.

– 어빙 펜 (1917~2009)

– 어빙 펜 Irving Penn, 1917~2009

미국의 포츠레이트 사진가이며 패션사진가. 뉴저지 출생. 대형 카메라를 이용해 조형적인 사진을 추구했다. 촬영 시 공간 처리에 대한 아이디어가 매우 독창적인 것으로 평가받고 있으며, 독특한 조명술과 완벽주의적 연출의 대가라 할 수 있다. 제2차 세계대전 이후 리처드 애버던과 더불어 뉴 패션사진을 창조한 사진가다. 사진집으로는 『좁은 방의 세계』 등이 있다.

살아 있지 않다면
그것은 이미 사진이 아니다.

– 에드워드 스타이켄 (1879~1973)

– 에드워드 스타이켄 Edward Steichen, 1879~1973
미국의 사진가이자 화가였던 그의 사진에는 회화적 요소가 깃들어 있다. 흑백과 컬러로
다양하게 작업을 하며 인물 · 풍경 · 패션 · 무용 · 광고 · 건축 사진에 이르기까지 활동범
위를 넓혀 광범위하게 활동했다. 1955년에 사람을 향한 카메라를 주제로 개최된 '인간
가족전'이란 휴머니즘 사진전을 기획, 주관하면서 전 세계 900만 인구가 관람한 전무후
무한 기록을 남겼다.

사진은 이 세상을 새롭게 볼 수 있도록
우리의 시각을 열어주었다.

– 에드워드 웨스턴 (1886~1958)

– 에드워드 웨스턴 Edward Henry Weston, 1886~1958

미국의 사진가. '사진계의 피카소'라고 불릴 만큼 근대사진계에 큰 영향을 끼쳤다. 1932
년에는 그의 영향 밑에 있던 애덤스, 커니햄 등과 함께 'f64 그룹'을 결성해, 미국적 특징
을 띤 스타일을 최초로 표현했다는 평가와 함께 스트레이트 사진이라는 새 장르를 열기
도 했다. 사진가로서는 최초로 구겐하임 재단에서 수여하는 장학금을 두 차례나 수상했
다. 대표작으로 『오시아노의 사구』, 『사구의 여인』 등이 있다.

장군은 베트콩을 죽였지만

나는 내 카메라로 장군을 죽였다.

사진은 이 세상에서 가장 강력한 무기다.

사람들은 사진을 믿지만 사진가들은 거짓말을 한다.

심지어 조작을 하지 않고도 거짓말을 한다.

사진은 절반 정도만 진실일 뿐이다.

– 에디 애덤스 (1933~2004)

– 에디 애덤스 Eddie Adams, 1933~2004

미국의 사진가. 유명인과 정치인의 사진을 많이 찍었으며, 종군 사진기자로서 13번의 전쟁을 취재했다. 잘 알려진 '사이공식 처형'이라는 사진으로 퓰리처상을 수상했지만, 훗날 애덤스는 자신의 사진이 원치 않은 반응을 이끌어냈다면서 후회하고, 이 사진으로 인해서 살인마로 비난받은 구엔 장군과 그의 가족에게 개인적으로 사과했다.

© Seihon Cho, Asuncion 2011

사진은 시간을 찍는다.

시간은 흐르고 사람은 변하게 마련이다.

하지만 사진을 찍어둔 그 사람의 시간은

한 장의 정지된 순간으로 남아 있다.

– 조세현 『조세현의 얼굴』 중에서

사냥꾼이 사냥에 미쳐 있듯이

사진가는

자신이 얻으려는 한 장의 사진에 미쳐야 한다.

– 에리히 잘로먼 (1886~1944)

– 에리히 잘로먼 Erich Saloman, 1886~1944

독일의 사진가. 1925년 시판된 본격적인 소형 카메라 엘마녹스와 라이카를 이용해 법정
과 국제연맹회의장에서 몰래 사진을 찍었다. 연출되지 않은 생생한 사진을 '캔디드 포토
candid photo(솔직한 사진)'라 불렀으며, 이후 스냅샷snapshot의 창시자가 되었다. 대표적
인 사진집으로는 세계적 명사 170명을 찍은 『방심한 순간의 유명인사들』이 있다

모든 사람들이 알고 있으나
아무도 관심 갖지 않는 것을 다루는 도구가
사진이다.

– 에머트 고윈 (1941~)

─ 에머트 고윈 Emmet Gowin, 1941~
미국의 사진가. 친지들의 특징을 포착한 시리즈 사진을 제작했다. 그는 보이어리즘
voyeurism(관음주의) 경향이 가장 순수한 형태로 나타나는 초현실주의 작가로, 성적 상징
성을 매개로 한 보이어리즘을 근거로 하는 점에서 듀안 마이클을 능가했다. 대표작으로
『추락한 천사』, 『Real Dreams』 등이 있다.

좋은 장면은 어디에든 있다.
그것을 발견하고 구성하는 게 문제일 뿐이다.
나에게 사진이란 관찰의 예술이다.

– 엘리어트 어윗 (1928~)

– 엘리어트 어윗 Elliott Erwitt, 1928~

미국의 다큐멘터리 사진가. 인물사진과 상업사진도 많이 찍었지만, 그가 가장 좋아하는
사진은 거리에서 우연히 발견한 모습과 어린아이, 동물을 찍은 것들이었다. 그는 익살스
런 사진가로 유명하지만 초기 사진에서는 미국의 인종문제 같은 강력하고 논쟁거리가
되는 주제를 파고들었다. 매그넘의 회원이기도 하다.

사진은

평범한 것을 사랑한다.

– 요제프 수덱 (1896~1976)

– 요제프 수덱 Josef Sudek, 1896~1976

체코의 사진가. 그의 시각은 지극히 사적이지만, 작업실에서 또는 부엌에서 볼 수 있는 가장 평범한 물건을 이용해 작업을 했다. 선반 위의 꽃병이나 각진 유리컵, 조개껍질이나 한 조각의 빵, 서리 낀 유리창과 같은 일상의 사물과 친숙한 풍경 등을 사진으로 담아냈다.

기쁘게도 나의 사진들은
생각보다 밝아서 좋다.

- 하야시 다다히코 (1918~1990)

- 하야시 다다히코 Tadahiko Hayashi, 1918~1990

일본의 다큐멘터리 사진가. 사진관 집 아들로 태어나 어려서부터 카메라를 접했다. 태평양전쟁 당시 전쟁정보지 〈사진주보〉에서 사진기사로 근무했다. 일본보도사진협회 회원이며 일본사진가협회 부회장을 역임했다. 대표작으로 「도카이도」 「니시게키 유라쿠조 극장 지붕 위에 누워 있는 무희」 등이 있다.

예술은 기록이 아니라 스타일이다.

그리고 사진은 역사의 콜렉션이다.

– 워커 에반스 (1903~1975)

– 워커 에반스 Walker Evans, 1903~1975

미국의 소셜 다큐멘터리 사진가. 세인트루이스 출생. 휴머니즘 다큐멘터리 사진의 새로운 미학을 이룩한 사진가다. 서정적인 리얼리즘을 개척한 그의 사진은 정치와 사회 전반에 큰 반향을 불러일으켰다. 1930년 미국 초기의 건축양식을 간직한 건물을 사진으로 기록하는 한편, 대공황으로 허덕이는 농촌과 이주민들의 비참한 생활을 기록으로 남기는 데 전념했다. 사진집은 『미국의 사진』, 『다리』 등이 있다.

사진을 찍는 일은
사물에 대한 해답을 찾는 작업이다.

– 윈 불럭 (1902~1975)

– 윈 불럭 Wynn Bullock, 1902~1975

미국의 사진가. 평범한 주변의 소재들을 극단적인 정교함으로 묘사함으로써 신비스럽고
초현실적으로 보이게 하는 '즉물주의' 사진가 중 한 명이다. 4차원을 사진에 도입한 시공
간 창조의 사진가로 불린다. 서부 해안의 절경과 누드가 어우러진 독특한 사진으로 유명
했으며, 딸들을 모델로 자연 속에서 촬영한 누드 작품이 널리 알려져 있다.

아름다운 이미지란

가슴을 통해 만들어지는 기하학이다.

– 윌리 로니스 (1910~2009)

– 윌리 로니스 Willy Ronis, 1910~2009

프랑스의 사진가. 앙리 카르티에 브레송, 로베르 두아노 등과 동시대에 활동하며 평범한 일상의 모습을 시적 이미지로 사진에 담아 사진을 단순한 기록을 위한 도구가 아닌 예술로 발전시켰다는 평가를 받는다. 프랑스 사진가로는 처음으로 〈라이프〉의 사진기자가 되었다. 코닥 최고상, 베니스 비엔날레 금상을 수상했다. 대표작으로 『바스티유의 연인』, 『작은 파리지앵』 등이 있다.

내가 거기에 있기 때문에 가능한 매체가
바로 사진이다.

– 윌리엄 이글스턴 (1939~)

– 윌리엄 이글스턴 William Eggleston, 1939~

미국의 사진가. 뉴욕현대미술관의 사진 큐레이터 사코우스키와의 인연으로 개인전을 열었는데, 이를 통해 '완전한 사진가'라는 평을 받았다. 컬러사진의 새로운 영역을 개척해 이전까지 컬러사진의 예술적 가치를 제대로 인정하지 않던 미국 사진계의 선입견을 불식시켰다. 미국 풍경사진사에 컬러사진의 전기를 마련한 사진가로 평가받는다.

사진은 화가의 연필이 아니라
오직 빛으로만 그려진 것이다.

– 윌리엄 헨리 폭스 톨벗 (1800~1877)

– 윌리엄 헨리 폭스 톨벗 William Henry Fox Talbot, 1800~1877

영국 출신의 사진술 개척자. 자신이 관찰한 식물을 종이에 세밀하게 스케치하기가 어려워지자 이것을 사진술을 통해 종이에 표현하기 위해 노력했다. 사진술의 기본원리인 '칼로타입'을 확립했으며 감산으로 잠상을 현상하는 방법으로 특허를 받기도 했다. 최초의 사진인화소를 설립하고 칼로타입을 보급했다. 『자연의 연필』이라는 세계 최초의 사진이 들어간 책자를 출판했다.

사진이란 수많은 의문을 품은
단 한순간이다.

– 유진 리처드 (1944~)

– 유진 리처드 Eugene Richards, 1944~
미국의 다큐멘터리 사진가이며 저널리스트. 브루클린의 빈민가에서 〈라이프〉에 게재할
마약문제에 관한 포토에세이를 촬영한 일을 계기로 보다 심층적으로 탐구해야 할 세계
에 대해 눈을 뜨게 되고, 마약 문제를 심층적으로 취재했다. 『코카인 트루, 코카인 블루』
라는 사진집을 내면서 세계적인 명성을 얻었다. 구겐하임상, 코닥상 등을 수상했다.

사진가는 그의 작품과 그 결과,

그 영향에 대해 책임을 져야 한다.

– 유진 스미스 (1918~1978)

– 유진 스미스 William Eugene Smith, 1918~1978

미국의 사진가. 19세에 〈라이프〉에 입사하여 종군 사진기자로 제2차 세계대전을 취재했다. 오키나와 전선 취재 중에는 일본군의 탄환이 머리에 명중해 위독한 상태에 빠지기도 했다. 「시골의사」「에스파냐의 마을」을 〈라이프〉에 발표해 미국을 대표하는 휴머니즘 다큐멘터리 사진가로 명성을 얻었다.

관찰하는 법과 사랑하는 법을 모른다면
사진가가 되는 것은 불가능하다.

– 자크 앙리 라르티그 (1894~1986)

– 자크 앙리 라르티그 Jacques Henri Lartigue, 1894~1986

프랑스의 화가이며 사진가. 주로 자기 집안의 앨범사진을 연대기로 찍었는데, 사진에
는 순수하고 대담하며 삶의 즐거운 순간을 즐기는 작가의 휴머니티한 감정이 담겨 있다.
1920년대 프랑스 화단에서 활동했는데, 피카소를 촬영한 사진이 큰 반응을 불러일으켰
다. 1963년 뉴욕현대미술관에서 전시회를 하고 〈라이프〉에 사진이 실리면서 세계적으
로 주목을 받게 되었다. 대표작 『세기의 일기』 등이 있다.

사진이란

인간의 가능성을 탐구하는 방법이다.

– 제리 율스만 (1934~)

– 제리 율스만 Jerry N. Uelsmann, 1934~

20세기 미국의 초현실주의 사진가. 포토몽타주의 대가로 사진학을 강의하며 몽타주 기법을 발전시켰고, 사진의 현실 재현성에 대한 한계로부터 벗어나 초현실적인 풍경을 담아내는 아날로그 합성사진을 선보였다. 초현실주의 화가 르네 마그리트를 떠올리게 하는 사진이 많은데, 실제로 『마그리트의 시금석』을 발표하기도 했다.

내가 10년간 경험한 빈곤과 악의 실체는
글로는 도저히 표현할 수 없다.
오직 리얼리티를 가진 사진만이 그것을 보여줄 수 있다.

– 제이콥 A. 리스 (1849~1914)

– 제이콥 A. 리스 Jacob Augest Riis, 1849~1914

네덜란드 태생의 미국 사회운동가이며 신문기자. 〈뉴욕트리뷴〉의 기자로서 뉴욕 슬럼 이
민자들의 생활에 관심을 가졌고, 위험하고 비참한 뒷골목의 모습을 촬영해 사회적인 반
향을 불러일으켰다. 그의 작품은 당시 뉴욕 시 경찰청장이었던 테오도어 루즈벨트에게
감명을 주었고, 이를 계기로 그가 대통령에 당선된 이후에는 고문으로 활동했다.

나는 종군기자로 활동하면서
실제로 폭격기나 소총 또는 탱크로 할 수 있는 것보다
훨씬 많은 일을 내 카메라가 해냈다고 자부한다.

– 조지 로저 (1908~1995)

– 조지 로저 George Rodger, 1908~1995

영국의 다큐멘터리 사진가. 〈리스너〉에서 스냅사진을 찍으며 스튜디오 설비에 관한 기
술을 익히던 중 스피드 그래픽 카메라가 스튜디오에서 사용하기에는 소음이 심하다는
사실을 발견하고, 라이카를 구입한 뒤 프리랜서로 활동했다. 제2차 세계대전 이후 〈라이
프〉의 통신원으로 일하면서 '런던 전격전'을 촬영했다. 보도사진가 그룹 매그넘의 창시자
가운데 한 명으로, 20세기의 가장 뛰어난 다큐멘터리 사진가 중 한 사람으로 꼽힌다.

카메라는

무언가를 얻어내려는 속성을 가지고 있다.

- 존 버거 (1926~)

- 존 버거 John Peter Berger, 1926~

영국의 미술비평가이자 사진이론가. 소설가이며 다큐멘터리 작가, 사회비평가로 널리
알려져 있다. 현존하는 영국 출신 작가 중 가장 깊고 넓은 자기 세계를 가지고 있으면서
또 가장 광범위한 독자를 보유하고 있다. 미술평론으로 글쓰기를 시작해 점차 관심과 활
동 영역을 확장해 예술과 인문, 사회 전반에 걸쳐 깊고 명쾌한 관점을 제시했다. 대표작
으로『피카소의 성공과 실패』, 부커상 수상작인 소설『G』등이 있다.

사진가들이 풀어내는 재미난 이야기와
그들이 찍는 사진 속 실제 인물과는 꽤 차이가 있다.

– 존 베이천 (1914~1975)

– 존 베이천 John Vachon, 1914~1975
미국의 다큐멘터리 사진가. 미국 대공황기에 도로시 랭, 워커 에반스 등과 함께 농업안
정국 산하 사진단에서 미국 농민의 힘겨운 생활상을 사진으로 기록했다. 대표작 『듀엣』,
『피치버그』, 『검은 눈동자』, 『아프리카계 미국 소년』, 『타임스퀘어』 등이 있다.

사진은 단지 우리의 외형만이 아니라
삶과 생활방식까지 보여준다.

– 존 벤자민 스톤 (1838~1914)

– 존 벤자민 스톤 John Benjamin Stone, 1838~1914

영국 보수당 하원의원이며 사진가. 버밍엄 애스턴 출생. 여행과 사진을 좋아해 스페인,
노르웨이, 일본, 브라질 등을 여행하며 글과 사진을 남겼다. 대표작으로『스페인의 여름
휴가』,『노르웨이 아이들』등이 있으며 '국립사진기록협회'를 창립했다.

사진가는 사물의 사실을 규명하되,
이 사실들로 하여금 진실을 말하게 해야 한다.

– 존 사코우스키 (1925~2007)

– 존 사코우스키 John Szarkowski, 1925~2007
폴란드 출신의 미국 사진가이며 역사평론가. 미술관에서 사진가로 근무하면서 주로 미
국의 풍경사진을 찍었다. 미네소타의 풍경을 찍은 사진집은 베스트셀러가 되기도 했다.
1962년부터 사진 큐레이터로 활동했는데, 사진 역사의 분수령이 된 '거울과 창mirrors
and windows'을 기획해 명성을 얻었다. 큐레이터의 기획력이 사진의 발전에 미치는 영
향력을 부각시켜 인식의 전환을 이루었다.

피사체에게
항상 윤리적 태도를 지녀라.

– 존 쇼 (1942~)

– 존 쇼 John Shaw, 1942~

미국의 풍경사진가. 미국의 자연과 동물, 풍경 등을 촬영했다. 북극에서 남극까지 모든 대륙을 횡단하면서 촬영한 사진가로도 유명하다. 북미 자연사진협회에서 최고의 작가상, 마이크로소프트로부터 이미지 아이콘으로 지정되는 영예를 안기도 했다.

카메라는 결코
중립적이지 않다.

- 존 탁 (1952~)

- 존 탁 John Tagg, 1952~

영국의 사진비평가이며 사진역사가. 감시의 수단, 법적 증거로서의 사진을 주장하고 이 야기하는 사진이론가다. 미국의 빙햄튼 주립대학의 교수로 미술사와 비교문학을 강의하 고 있다. 『사진과 권력』, 『표현의 부담』, 『분쟁의 근거』 등 다수의 사진 관련 저서가 있다.

사진은 많은 것을 가져다준다.

사진을 통해 과거와 현재를 잇는 인연을 만든다.

타인의 한때를 공유하는 일,

그처럼 각별한 인연이 또 있을까.

– 조세현 『조세현의 얼굴』 중에서

그 어떤 장면이든

사진만이 독자를

가장 가깝게 접근시켜 준다.

– 존 톰슨 (1837~1921)

– 존 톰슨 John Thomson, 1837~1921

영국의 탐험가이며 지리학자, 사진가. 사람, 풍경 그리고 동양의 문화를 찍으며 극동 지방을 여행한 20세기 초반의 탐험 사진가 중 한 사람이다. 현대 포토저널리즘의 근간이 되는 고전적인 다큐멘터리 사진을 찍었으며, 후기에는 〈라이프〉 등의 잡지에 사진을 발표했다.

나의 소망은 사진의 질을 높이고
사진을 예술로 승화시키는 것이다.

– 줄리아 마가렛 캐머런 (1815~1879)

– 줄리아 마가렛 캐머런 Julia Margaret Cameron, 1815~1879

19세기 영국의 대표적인 포츠레이트 사진가. 48세에 딸에게 사진기를 선물받아 사진을 찍기 시작했다. 사진 촬영에 매우 열정적이었고 독학으로 촬영술을 익혀 나갔으며 단기간에 자신만의 표현방법을 발견했다. 라파엘 전파Pre-Raphaelite Brotherhood의 영향으로 회화적인 사진을 추구하며 인물의 독특한 아름다움을 잘 표현해 현대사진 발전에 이바지했다. 대표작으로 『엘렌 테리』 등이 있다.

카메라 앞에서
모든 것들은 동등하다.

– 지젤 프로인트 (1908~2000)

– 지젤 프로인트 Gisele Freund, 1908~2000

독일 출신의 프랑스 사진가이며 사회학자. 스무 살 때 나치의 탄압을 피해 프랑스로 망
명한 여성 사진이론가로, 사진사회학 분야에 큰 업적을 남겼다. 사진가로서도 활동했는
데 프랑스 미테랑 대통령 시절 전속 사진가로서 다큐멘터리 및 포츠레이트 분야에서 크
게 명성을 떨쳤다. 사르트르나 발레리 같은 유명인의 초상을 찍었고 여권신장 운동에도
힘썼다.

나는
무슨 일이 일어났는지 이해하기 위해서
셔터를 누른다.

– 질 페레스 (1946~)

– 질 페레스 Gilles Peress, 1946~
프랑스의 다큐멘터리 사진가. 1971년 책을 만들고 미술관 설치작업을 하는 데 사진을
사용하기 시작했다. 〈뉴욕타임스〉, 〈선데이타임스〉 등에 작업한 사진을 게재했으며, 국
제사진센터의 인피니트상, 에리히잘로몬상, 알프레드 아이젠슈테트상 등을 수상했다.

나는
카메라를 손에 쥔
이야기꾼으로서의 삶을 살았다.

– 칼 마이던스 (1907~2004)

– 칼 마이던스 Carl Mydans, 1907~2004

미국의 다큐멘터리 사진가. 보스턴 대학 재학 시절부터 〈보스턴글로브〉의 기자로 활동
했고, 실험적인 사진 저널리즘을 표방하는 〈라이프〉의 창간과 함께 사진기자로 일하기
시작했다. 공황과 세계대전, 한국전쟁 등 20세기 격변의 현장을 카메라에 담았다. 대표
작으로 「대공황기 미국 미시시피 서부 평원지대의 수척한 농부 얼굴」 「더글러스 맥아더
장군의 필리핀해안상륙」 「대통령 피격 사망」 등이 있다.

사진은 현실의 반영이나 재현이 아니라
새로운 사실을 발견하는 하나의 과정이다.

– 파올로 로베르시 (1947~)

– 파올로 로베르시 Paolo Roversi, 1947~

이탈리아의 패션사진가. 1980년부터 8×10인치 포맷의 대형 카메라로 폴라로이드 촬영
을 시작했고, 크리스찬 디오르 화장품 광고를 통해 세상에 알려지게 되었다. 꼼 데 가르
송Comme des Garçons, 요지 야마모토Yohji Yamamoto, 로메오 질리Romeo Gigli와 같
은 세계적인 패션 디자이너와 작업을 했다. 그만의 창조적이고 몽환적인 포커스와 자연
스러운 조명술은 패션사진가들뿐 아니라 포츠레이트 사진가들에게도 교과서처럼 큰 영
향을 주었다.

미안하다.
정말 미안하다.
사진은
나의 삶과 기쁨을 모두 앗아갔다.

— 케빈 카터 (1960~1994)

— 케빈 카터 Kevin Carter, 1960~1994
남아프리카공화국의 포토저널리스트. 동아프리카의 극심한 기근을 취재하며 찍은 「수단
의 굶주린 소녀」로 퓰리처상을 받았다. 그 사진을 본 사람들은 사진을 찍기 전 소녀를 돕
지 않았다는 이유로 그를 비난했고, 그는 죄책감과 우울증으로 괴로워하다 수상 3개월
뒤 스스로 목숨을 끊었다. (그는 사진을 찍고 나서 독수리를 쫓아 소녀를 구한 뒤 한없이 울었다
고 한다.)

사진은
카메라 앞에 있는 세상의 한 부분을
해석하는 것이 아니라 기록하는 것이다.

– 토머스 새뮤얼 쿤 (1922~1996)

– 토머스 새뮤얼 쿤 Thomas Samuel Kuhn, 1922~1996
미국의 과학사학자이며 철학자. '패러다임paradigm'이라는 새로운 개념을 창안해냈다.
그에 따르면 과학의 발전은 점진적으로 이루어지는 것이 아니라 패러다임의 교체에 의
해 혁명적으로 이루어지며 이 변화를 '과학혁명'이라고 한다. 이 새로운 과학관은 1962
년 『과학혁명의 구조』로 발표되어 과학철학뿐만 아니라 자연과학과 사회과학 분야를 포
함한 광범위한 영역에서 활발한 논의를 불러일으켰다.

전쟁 사진의 매력은
섹스의 매력과 같다.

— 팀 페이지 (1944~)

— 팀 페이지 Tim Page, 1944~

영국의 다큐멘터리 사진가. 죽음의 위험도 두려워하지 않는 도전적인 스타일로 1960년대 베트남과 캄보디아에서 프리랜서 다큐멘터리 사진가로 이름을 알렸다. 1970년대에는 〈크로우대디〉나 〈롤링스톤〉 같은 음악잡지의 프리랜서 사진가로 일하기도 했다. 현재는 호주 브리즈번에서 활동하고 있다. 사진집 『또 다른 베트남』, 『기억할 만한 순간』 등이 있다.

사진은
사진가의 내적 투영이다.

– 패트리샤 보스워스 (1933~)

– 패트리샤 보스워스 Patricia Bosworth, 1933~

미국의 영화배우이자 영화평론가. 액터스 스튜디오의 연극배우로 출발해 저널리즘으로
분야를 옮겨 영화평론가로 활동해 왔다. 연예산업에 관한 그의 전문지식은 작품에 은
밀함과 생생함을 불어넣는다. 〈뉴욕타임스〉에 정기적으로 글을 기고하고, 〈배네티 페
어〉의 사외편집자로 활동했다. 저서로는 『다이앤 아버스』, 『몽고메리 클리프트』 등 비평
적 찬사를 받은 전기 작품과 『세계를 매혹시킨 반항아 말론 브랜도』 등이 있다.

사진은 대상의 거울이다.
오늘 이후 회화는 죽었다.

– 페르디낭 들라크루아 (1798~1863)

– 페르디낭 들라크루아 Ferdinand Victor Eugene Delacroix, 1798~1863

프랑스 낭만주의 화가이며 판화가. 생 모리스 출생. 근대회화의 선구자로 직접 프랑스사
진협회에 가입해서 사진 촬영을 할 정도로 자신의 그림에 사진을 적극적으로 이용했다.
대표작으로 「민중을 이끄는 자유의 여신」, 「사르다나팔루스의 죽음」, 「모로코의 술탄」 등
이 있다.

사진술은 위대한 발견이다.

지성을 매혹시킨 과학이요,

정신을 자극하는 예술인 동시에

바보도 사용할 수 있을 만큼 단순한 것이기도 하다.

– 펠릭스 나다르 (1820~1910)

– 펠릭스 나다르 Felix Nadar, 1820~1910

19세기 프랑스의 사진가이며 만화가, 문필가. 보들레르, 바그너 등을 모델로 포츠레이트 사진집을 출판했다. 그는 모델의 개성을 포착하기 위해 자연스러운 포즈를 응용했으며, 단순하고 간결한 스타일 속에 날카로운 성격 묘사를 구현했다. 1858년에는 '재앙'이라고 이름 지은 열기구를 타고 세계 최초의 공중촬영을 했으며, 1860년 휴대용 발광장치로 사진 촬영에 전기조명을 최초로 시도했다.

흑백사진의 깊고 풍부한 톤은
인간의 시각적 능력을 더 발전시켰다.

– 폴 스트랜드 (1890~1976)

– 폴 스트랜드 Paul Strand, 1890~1976

미국의 사진가. 에티컬 컬처 스쿨에서 사진가인 루이스 하인에게 수학했다. 1903년 사진의 기계적 특성에 바탕을 둔 사진예술의 창조를 주장하며 사진 분리파 운동의 완성을 이뤄냈다. 즉물사진의 장르를 개척해 렌즈의 심도를 깊게 하며 대상을 실물 그대로 정밀하게 재현함으로써 객관적인 묘사 효과를 추구했다. 또한 소외계층 사람들의 생활상을 사진에 담으며 사회적 관심을 표출했다. 대표작으로 『하얀 울타리』 『레베카』 등이 있다.

내가 서 있는 장소에서
모든 것이 비롯된다.

– 프레드릭 좀머 (1905~1999)

– 프레드릭 좀머 Frederick Sommer, 1905~1999

이탈리아 출신의 미국 현대사진가. 알프레드 스티글리츠를 통해 사진에 흥미를 느끼면
서 본격적으로 사진의 예술적 가능성을 탐구하기 시작했다. 대형 카메라를 구입해서 정
물, 풍경, 인물사진 등을 찍었으며 프레스코 대학과 로드아일랜드 디자인 스쿨에서 강의
를 했다.

좋은 사진은
렌즈의 심도 조절이 아니라
마음의 심도에 의해 결정된다.

– 윌리엄 앨버트 알라드 (1937~)

– 윌리엄 앨버트 알라드 Wilam Albert Allard, 1937~

미국의 다큐멘터리 사진가. 미네소타 대학 저널리즘 스쿨에서 사진과 기사 작성을 전공
했다. 재학 시절, 『혼혈 부부』, 『암으로 죽어가는 여섯 살 소녀』 등에 관한 포토에세이를
제작했다. 졸업 직후 〈내셔널 지오그래픽〉에 입사해 명암법을 세련되게 표현한 인상적
인 사진들을 남겼다. 사진가는 아름다운 사진을 찍는 일뿐 아니라 사회의 갈등을 관찰하
는 사람으로서의 의무를 다해야 한다고 생각해 〈라이프〉에 관련기사를 싣기도 했다.

사진은 설명하지 않고,

해석하지 않고,

주석을 달지 않는다.

사진은 말이 없고,

숨김이 없으며,

단조롭고,

꾸밈이 없다.

— 필립 뒤바 (1952~)

— 필립 뒤바 Philippe Dubois, 1952~

벨기에 출신의 영화비평가이며 사진비평가. 전설적인 영화비평가 앙드레 바쟁처럼 영화, 사진, 동영상 이미지에 대한 많은 글을 썼으며, 매체미학과 이미지 비평에 탁월했다. 대표작으로 『파괴된 영상』, 『사진적 행위』, 『사진적 행위와 다른 시론들』, 『크리스 마커 연구』 등이 있다.

내가 카메라로 찾는 주제는
인간의 어리석음이다.

– 필립 존스 그리피스 (1936~2008)

– 필립 존스 그리피스 Philip Jones Griffiths, 1936~2008

영국의 사진가. 〈옵저버〉의 풀타임 프리랜서였던 그는 알제리 전쟁을 촬영한 후 중앙아
프리카 내전과 베트남전쟁을 촬영했다. 1971년에 매그넘의 정식 멤버가 되었다. 1973
년에 북아일랜드에서 찍은 영국군 사진으로 국제보도사진전 대상을 받았다. 이후 120여
개국에서 촬영을 했고 〈라이프〉와 〈GEO〉에 그의 사진들이 실렸다.

사진은

시간 밖에서 온 아이디어다.

– 필립 퍼키스 (1935~)

– 필립 퍼키스 Philip Perkis, 1935~

미국의 사진교육자. 기관총 사수로 군복무를 하면서 사진을 접하게 되었다. 샌프란시스
코 아트 인스티튜트에서 앤설 애덤스, 도로시 랭, 존 골리에 주니어로부터 사진을 사사
했다. 뉴욕연구소 사진학부 강사로 강의했고 프랫 인스티튜트 사진학과 교수와 학장을
역임했다. 대표작으로 『사진강의노트』 등이 있다 .

인물사진을 잘 찍기는 상당히 어렵다.
있는 그대로 찍기보다 그 대상에 영합하고 싶은 유혹이
너무 많이 들기 때문이다.

– 필립 할스먼 (1906~1979)

– 필립 할스먼 Philippe Halsman, 1906~1979

라트비아 태생의 미국 포츠레이트 사진가. 1942년 〈라이프〉에 처음 사진이 실린 이후
표지사진을 101번이나 찍은 사진가로 유명하다. 마릴린 먼로, 오드리 헵번, 말론 브랜
도 등 미국의 유명한 연예인을 비롯해 다양한 분야의 인물사진을 찍었다. 1944년 미국
잡지사진가협회의 초대회장을 지냈다. 대표작으로 사진집 『달리의 콧수염』, 『점프북』 등
이 있다.

사진은

보는 능력을 막는 수단이다.

– 헬렌 레빗 (1913~2009)

– 헬렌 레빗 Helen Levitt, 1913~2009

미국의 다큐멘터리 사진가. 1930년대 뉴욕의 평범하면서도 소외된 지역에 거주하는 사
람들의 자연스런 일상을 사진으로 담았다. 특히 어린이들의 역동적인 모습과 낙서 등은
그의 작품의 중요한 대상이 되었다. 또한 그는 미국에 새롭게 등장한 부유층과 여러 인
종에도 관심을 가졌는데, 작품에 어떤 미적 효과나 감정, 메시지 등이 없이 그저 직감적
으로 피사체를 주시하며 거리 위에서 펼쳐지는 삶의 기쁨을 기록하고자 했다.

모든 사진가는

'훔쳐보는 자Voyeur'이다.

– 헬무트 뉴튼 (1920~2004)

– 헬무트 뉴튼 Helmut Newton, 1920~2004

미국의 패션, 포츠레이트 사진가. 베를린 출생. 관음주의 사진의 창시자. 그는 에로티시
즘을 주제로 패션사진을 촬영했으며, 이것은 현대사진의 양대 흐름의 하나로 자리 잡을
만큼 사진을 이해하는 데 중요한 주제가 되었다. 1950년대 패션사진에 성sex을 도입한
것은 획기적인 사건으로, 당시에 많은 논란을 불러일으켰다. 이브 생 로랑의 남성 재킷
을 입고 밤거리에 서 있는 여자 모델을 촬영한 매니시 스타일mannish style 패션사진은
역사적인 사진이라고 할 수 있다.

사진은
순간의 정수다.

− 호스트 P. 호스트 (1906∼1999)

− 호스트 P. 호스트 Horst P. Horst, 1906∼1999

독일의 패션사진가. 파리에서 주로 잡지사진을 찍다가 미국으로 이민한 뒤부터는 미국
판 〈보그〉에서 활동했다. 80년 전 그의 조명술은 현재까지도 많은 사진가들이 모방할 만
큼 교과서적이다. 그는 단조로운 조명에 흥미가 없어서 측면, 실루엣의 디테일을 강조하
는 독특한 조명을 사용했다.

사진가는 때 묻지 않은 순수함과 진실함,
행복함을 전해야 한다.

– 앤 게디스 (1956~)

– 앤 게디스 Anne Geddes, 1956~

호주 출신의 포츠레이트, 파인아트 사진가. 자연을 배경으로 혹은 자연 안에 녹아들어
무한히 확장된 상상력을 테마로 사진을 찍고 있다. 독특한 연출의 아기 사진으로 유명해
'아기 사진가'로 불린다. 호주, 미국 등지에서 여러 상을 수상했다. 그녀의 많은 사진이
우표, 책과 달력, 엽서 등으로 프린트되어 전 세계인으로부터 많은 사랑을 받고 있다.

사진은 기술이 아니라 말이다.
사진은 생각이고 느낌이다.

– 한정식 (1937~)

– 한정식 1937~

한국의 파인아트 사진가. 1970년대 이후 세계적 조류인 모더니즘의 형식주의 사진 원리를 새로운 관점에서 소화했던 대표적인 작가다. 중앙대 예술대학 사진학과 교수, 예술대학원장을 역임하며 많은 후학 사진가들을 양성했다. 사진집으로는 『고요』, 『사진, 예술로 가는 길』 등이 있다.

예쁜 사진들은 나의 관심을 끌지 못한다.

정물, 풍경 혹은 메이플소프가 찍은 꽃은 정말 지루하고,

한낱 벽에 거는 장식에 지나지 않는다.

꽃이라면 차라리 꽃병에 꽂혀 있는 것을 보겠다.

자연에는 아름다운 것들이 충만하다.

자연의 아름다움과 경쟁하고 싶지 않다.

그러나 다른 사람들이 기괴하고

구역질나는 것으로 여기는 사물 속에 들어 있는

아름다움을 발견하는 것은

나에게 진정한 도전이라 할 수 있다.

– 신디 셔먼 (1954~)

─ 신디 셔먼 Cindy Sherman, 1954~

미국의 파인아트 사진가. 그녀는 스스로 작품의 모델이 되어 시선의 주체와 객체를 모두 담당했다. 셔먼은 1960년대의 텔레비전 환경에 이끌려 변장과 분장술에 매료되었으며, 그녀의 작품에서 보이는 공통점인 '여성'과 '몸'은 변장 뒤에 감춰진 진실을 드러내는 동시에 여성의 진정한 자아확립과 주체회복이라는 메시지를 전달하려는 목적이 담겨 있다. 대표작으로 「무제」 등이 있다.

여성은 존재의 증거이고
사진은 그것을 표현하는 수단이다.

– 장루 시에프 (1933~2000)

– 장루 시에프 Jeanloup Sieff, 1933~2000

프랑스의 사진가. 패션, 광고, 포츠레이트 사진부터 르포르타주와 풍경사진에 이르기
까지 광범위한 분야에서 작업했다. 〈보그〉, 〈하퍼스 바자〉, 〈에스콰이어〉 등 여러 잡지
의 화보작업을 하며 세계적인 명성을 얻었다. 대표작으로 「검은 옷을 입은 여인의 초상」
등이 있다.

나는 스스로를 정치적 예술가로 본다.

나는 내 미적 이상에 대한 생각과

내가 살고자 하는 세상에 대한 사진을 찍고 싶다.

– 볼프강 틸만스 (1968~)

– 볼프강 틸만스 Wolfgang Tillmans, 1968~

독일의 사진가. 영국 본머스 & 풀 예술디자인학교에서 공부한 뒤 런던에서 작품 활동을 하고 있다. '컬트 사진가' 혹은 'X-세대 사진가'로 불리며 동시대의 생활과 일탈, 과감한 자기노출을 광범위하게 채집하는 시대의 기록자로 인식되고 있다. 비영국인으로서는 최초로 영국 최고의 현대미술상인 터너상을 수상했다. 대표작으로 『작업실』, 『혼돈의 컵』등이 있다.

나는 나 스스로를 지금도 아마추어라고 생각하고,
내 생이 끝날 때까지 그럴 것이다.
왜냐하면 나는 끊임없이 세상을 발견하는
영원한 초심자이기 때문이다.

– 앙드레 케르테츠 (1894~1985)

– 앙드레 케르테츠 Andre Kertesz, 1894~1985

헝가리 태생의 미국 사진가. 본격적으로 사진을 찍기 위해 파리로 건너간 그는 잡지나
신문에 실리는 사진을 주로 찍었으며, 포토저널리즘의 태동기라 할 수 있는 1920년대부
터 뉴스 사진의 성격을 벗어난 일상생활 속의 르포르타주 사진을 시도했다. 거울을 이용
해 왜곡된 누드 사진을 선보였고 주로 소형 카메라로 캔디드포토를 찍었는데, 이는 시대
를 앞선 시도였다. 대표작으로 『몬드리안의 집에서』 등이 있다

카메라를 든다는 건 세상을 보는 동시에

자기 자신을 보는 것이기도 하다.

그 거리가 나에게 어떤 이야기를 건네는지,

나는 또 어떻게 그 이야기에 답하는지 알고 싶다면,

당신도 지금 당장 카메라를 들 일이다.

– 조세현 『조세현의 얼굴』 중에서

사진을 찍는 것은 음악을 작곡하는 것과 같다.
사진을 찍기 전까지는 모든 것은 불협화음을 낸다.
그러나 내가 사진을 찍고 나면
그 이미지는 조화를 찾게 된다.

– 닉 나이트 (1958~)

– 닉 나이트 Nick Nnight, 1958~

영국의 사진가. 사진과 그래픽의 경계를 무너뜨린 파격적인 연출로 '포토그래픽의 신' 이
라 불린다. 그는 색교차 현상과 링 플래시 조명으로 더욱 다양하고 현란한 색감을 만들
어 내는 뛰어난 재능을 가지고 있다. 현대의 패션 광고사진가들에게 가장 영향력 있고
존경받는 작가 중 한 명이다. 대표작으로 『듀온』, 『인형』 등이 있다.

대부분의 사진가들은 원근법이

사진의 아주 자연스러운 특성이고

그것을 바꾸기란 전혀 불가능하다고 생각한다.

하지만 이것이 항상 그렇지는 않다는 것을 깨닫는 데

오랜 시간이 걸렸다.

– 데이비드 호크니 (1937~)

– 데이비드 호크니 David Hockney, 1937~

영국의 화가이며 사진가. 1960년대부터 영국을 대표하는 팝아트 작가로 현대미술의 새
로운 주자로 떠올랐다. 초반 그의 사진 작품들은 폴라로이드 특성상 흰색 프레임이 보일
수밖에 없었는데 80년대 초 프레임을 없앨 수 있게 되면서 더 자유롭고 불규칙한 사진
이미지를 얻을 수 있게 되었다. 대표작으로 『풍덩』 등 수영장 시리즈, 『배꽃이 핀 고속도
로』 등이 있다.

자신에게 도전하는 것 이외의 도전은 아무것도 아니다.

나는 최신형 카메라도 좋아하지만

어시스턴트 없이 오래된 카메라로

혼자 작업하는 것을 좋아한다.

항상 다른 방식으로 작업할 수 있기 때문이다.

- 칼 라거펠드 (1933~)

- 칼 라거펠드 Karl Lagerfeld, 1933~

독일의 패션 디자이너이며 사진가. 20세기 후반 가장 영향력 있는 패션디자이너 중 한 사람이다. 자신의 컬렉션을 찍는 사진가들의 사진이 마음에 들지 않자 직접 사진을 찍기 시작했다. 니먼마커스상, 미국디자인협회상, 황금골무상, 프랑스 최고 훈장인 레지옹도 뇌르 훈장을 받았다.

내가 곧
스타일이다.

- 가브리엘 샤넬 (1883~1971)

- 가브리엘 샤넬 Gabrielle Chanel, 1883~1971

프랑스의 패션 디자이너. 어린 시절을 보육원에서 보내며 바느질 등 의복에 관한 기술을
익힌 그녀는 20세기 여성 패션의 혁신을 선도했다. 간단하고 입기 편한 옷을 모토로 하
는 디자인 활동으로 답답한 속옷이나 장식성이 많은 옷으로부터 여성을 해방시켰다. 만
레이, 호스트 등 당대의 사진가들과 교류하면서 그들의 사진모델이 되어주기도 했다. 샤
넬 스타일은 유행의 변천 속에서도 변함 없이 사랑받고 있다.

사진은 그림자다.
사람들은 그것이 빛이 아닌
계산된 그림자라는 것을 깨닫지 못한다.

– 나이젤 페리 (1958~)

– 나이젤 페리 Nigel Parry, 1958~

영국의 포츠레이트 사진가. 뉴욕에서 사진가로 활동하고 있다. 유러피언 매거진 어워드,
미국 잡지편집자 어워드, 인터내셔널 앤 아메리칸 포토그래피 어워드 등 다수의 사진 관
련 상을 받았다. 저서로는 유명인들을 소재로 한 사진집 『Sharp』 『Precious』 『Blunt』
등이 있다.

나는 내가 보는 것이 바로 예술이라고 생각한다.
왜냐하면 우리는 보는 것을 좋아하기 때문이다.

- 잰 그루버 (1943~)

- 잰 그루버 Jan Groover, 1943~

미국의 사진가. 그녀의 사진은 질서와 조화가 균형 잡혀 있어 깔끔한 이미지와 독창성을 드러낸다. 최근의 작품은 사진에 그녀의 전공인 회화가 융합된 제3의 시각에 의한 독창성이 뚜렷하게 나타나고 있다. 대표작으로 정물사진 『무제』 시리즈 등이 있다.

카메라가
시인의 머리와 눈이 되지 않는 한
좋은 사진은 안 나온다.

– 오손 웰즈 (1916~1985)

– 오손 웰즈 Orson Welles, 1916~1985

미국의 영화감독. 1938년 「우주전쟁」이라는 라디오 극을 연출했는데 방송내용을 실제상
황으로 착각한 청취자들이 피난소동을 일으켜 하루아침에 유명인사가 되었다. 「시민 케
인」은 영화사상 가장 위대한 영화 중 하나로 손꼽히지만 비평적 성공과 상업적 실패라
는 상반된 평가를 받고 있다. 미국영화협회 명예공로상을 수상했다. 대표작으로 「우주전
쟁」, 「시민 케인」, 「훌륭한 앰버슨 일가」 등이 있다.

나는 아침에 일을 나가서
오후에 쓸 만한 사진들을 가지고 돌아오는
장인이다.

– 로베르트 레베크 (1929~)

– 로베르트 레베크 Robert Lebeck, 1929~

독일의 사진가. 취리히와 뉴욕에서 사진을 독학했다. 〈슈테른〉을 비롯한 다수의 잡지에
서 에디터와 포토저널리스트로 일했다. 1977년부터 〈GEO〉의 편집장으로 일했으며, 대
표적인 작품으로는 「Africa in Year Zero」 등이 있다. 독일포토저널리스트상을 수상했다.

아무도 가지 않는 곳일수록 누군가는
꼭 가야 하지 않겠는가.

– 나가이 켄지 (1957~2007)

– 나가이 켄지 Kenji Nagai, 1957~2007

일본의 다큐멘터리 사진가. 이마바리 출생. 미얀마 시위현장을 촬영하던 중 무장 진압에
나선 미얀마 군인의 총탄에 피살되었다. 가슴에 총탄을 맞고 거리에 쓰러진 채 신음하면
서도 카메라를 보호하기 위해 두 손으로 쳐들고 있는 모습을 로이터통신의 애드리스 라
이프 기자가 촬영해 2008년 퓰리처상을 수상했다.

아마추어 사진가의 문제점 중 하나는
사진 찍는 이유를 모른다는 것이다.

– 테런스 도노반 (1936~1996)

– 테런스 도노반 Terence Donovan, 1936~1996
미국의 포츠레이트 사진가, 패션사진가. 고정관념의 시각이 아닌 자신의 독창적인 연출
과 아이디어로 〈하퍼스 바자〉, 〈보그〉 등 패션사진과 예술인들의 포츠레이트 사진 작업
을 했다.

내 생애 최고의 사진은
아직 찍지 않았다.

- 마크 리부 (1923~)

- 마크 리부 Marc Riboud, 1923~
프랑스의 다큐멘터리 사진가. 1951년 브레송을 만나면서 사진가의 길을 걷게 된 리부는
1953년 매그넘에 합류하며 본격적인 다큐멘터리 사진을 촬영하기 시작했다. 냉전의 시
대에도 개방되지 않은 중국과 소련에서 사진작업을 했는데, 1972년 미국 뉴욕의 메트로
폴리탄미술관에서 사진전을 개최하면서 유명해졌다. 그는 한 장의 사진 안에 시대상과
역사성을 담고 있으며, 심각한 이데올로기 속에서도 유머와 위트를 보여주고 있다. 「에
펠탑의 페인트공」과 「꽃을 든 여인」은 그의 사진에 대한 철학을 잘 보여주는 대표작이다.

© Seihon Cho, Serengeti National Park 2000

사진가, 사진을 말하다

the Photographer says

초판 1쇄 인쇄 2013년 6월 3일
초판 1쇄 발행 2013년 6월 12일

엮은이 조세현
펴낸이 김영범
펴낸곳 토트 · (주)북새통

편집주간 김난희
편집 박진희, 추소연
마케팅 김병국, 추미선
관리 최보현, 남재희

디자인 su:

주소 서울시 마포구 서교동 465-4 광림빌딩 2층
대표전화 02-338-0117
팩스 02-338-7161
출판등록 2009년 3월 19일 제 315-2009-000018호
이메일 thothbook@naver.com

© 조세현, 2013

ISBN 978-89-94702-28-5 03100